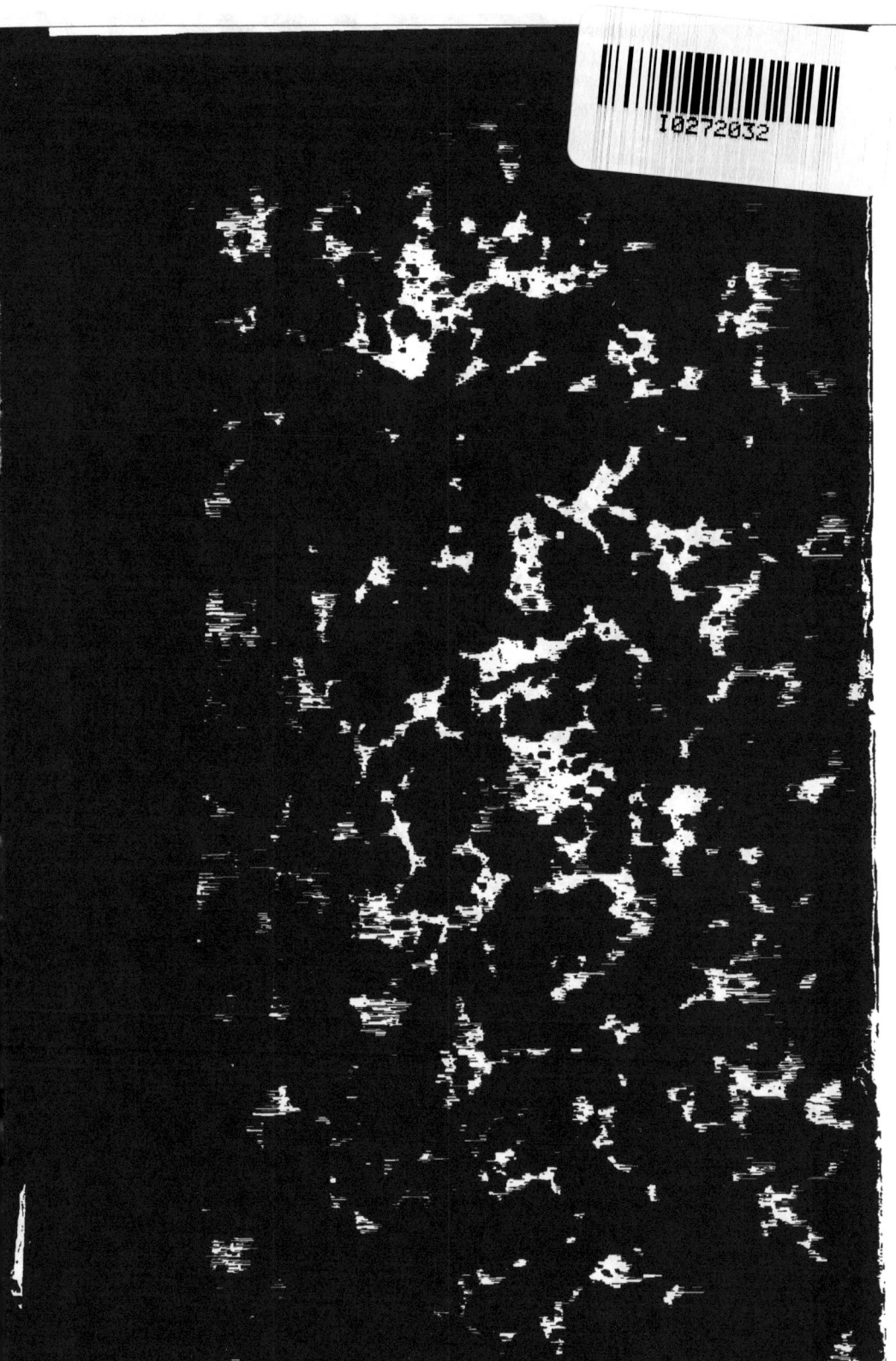

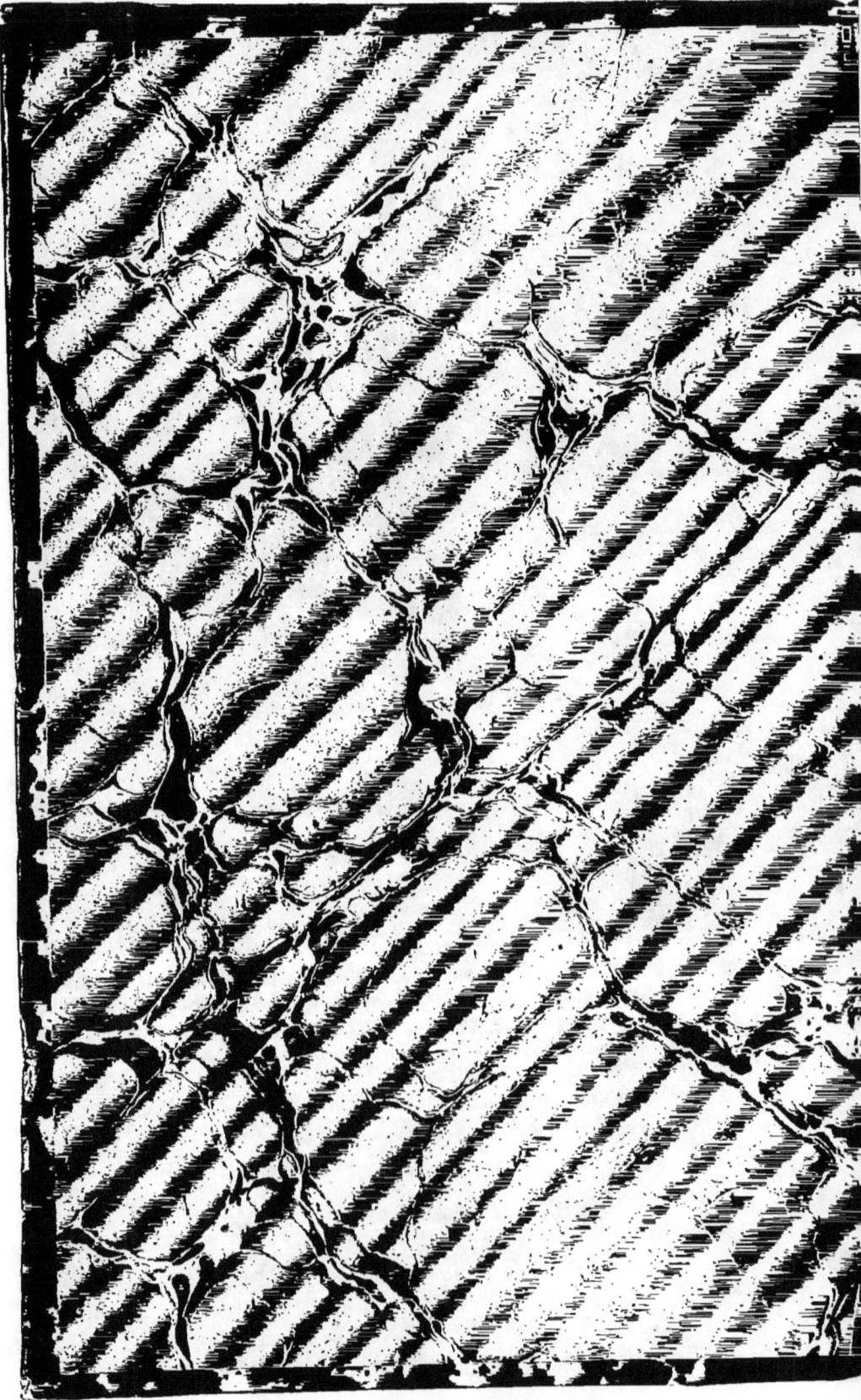

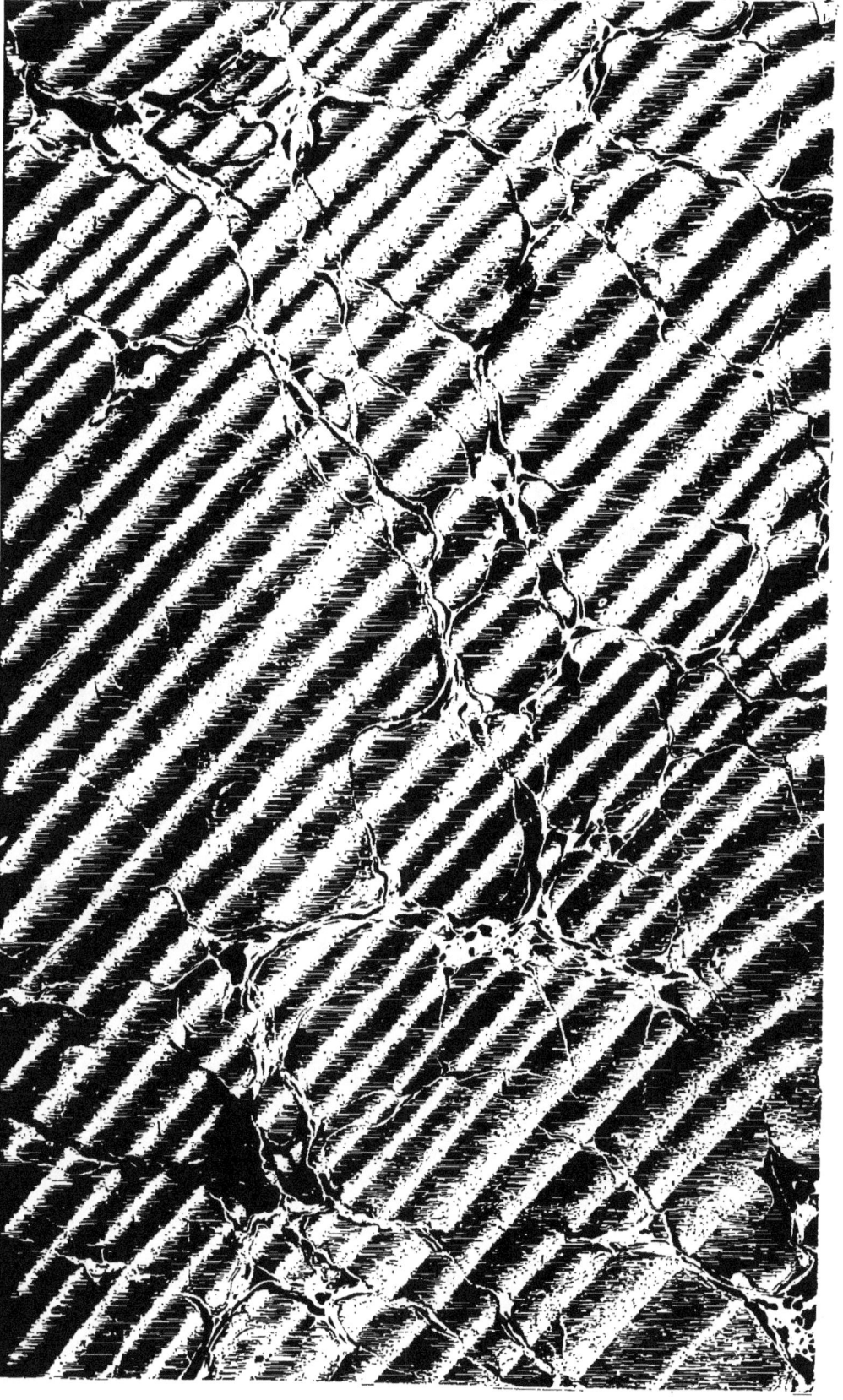

LE
BARREAU
DE PARIS

TYPOGRAPHIE ERNEST MEYER, 22, RUE DE VERNEUIL, A PARIS.

LE
BARREAU
DE PARIS

Études politiques et littéraires

PAR MAURICE JOLY

Forum et jus!

PARIS
GOSSELIN, ÉDITEUR
BOULEVARD SÉBASTOPOL, N° 11
—
1863.

AVANT-PROPOS

Ces portraits ont d'abord été publiés dans différents journaux. L'accueil qui leur a été fait, par un petit nombre d'hommes distingués, a inspiré à l'auteur la pensée de les réunir et de les présenter au public sous la forme d'un volume.

Ce ne sont point des détails biographiques qu'il faut chercher dans des études de ce genre, mais des appréciations critiques.

Ce que l'auteur a essayé de peindre chez les hommes éminents dont il parle, c'est leur caractère, la nature de leur talent, le rôle qu'ils ont joué dans les événements contemporains, tâche trop difficile, à coup sûr, pour que l'œuvre ne soit pas restée fort au-dessous de l'entreprise.

Tous les personnages qui figurent dans cette galerie appartiennent au barreau. C'est là que se retrouvent un grand nombre des hommes considérables qui ont honoré leur pays, et conservé intact le dépôt de la dignité civique.

Aussi bien, les mœurs du barreau, son esprit, ses traditions, ses luttes journalières ont toujours eu le privilége d'intéresser vivement le public, qui ne connaît en général le monde judiciaire que par des écrivains plus voués à la fantaisie qu'au culte de la vérité (1). L'éloquence du barreau offre d'ailleurs à la critique une voie assez nouvelle, mais cette matière exige bien aussi quelque compétence.

C'est pour justifier le titre, peut-être trop ambitieux de ce livre, qu'ont été ajoutées les différentes études qui accompagnent ces portraits. Les grands

---

(1) On ne parle ici que pour les écrivains étrangers au barreau; un grand nombre de livres estimables ont été écrits sur ce sujet par des magistrats et des avocats; on en trouvera le catalogue* à la fin de ce volume. Parmi les plus récents et les plus remarquables, il faut s'empresser de citer l'excellent ouvrage de M. Pinard**, auquel nous empruntons plus d'une citation précieuse au cours de ces études.

* Un catalogue raisonné, ainsi qu'une liste critique des principaux biographes contemporains.
** *Le Barreau*, par M. Osc. Pinard, avocat à la Cour royale. Paris, 1812. — M. Pinard est aujourd'hui, conseiller à la Cour impériale.

côtés de la profession d'avocat, et la recherche de ses bases fondamentales, se retrouveront notamment dans l'introduction qui va suivre, travail encore incomplet cependant et qui est loin d'être suffisamment approfondi.

Il n'est peut-être pas inutile d'indiquer l'ordre dans lequel ont été classées les autres parties de cet ouvrage : Le barreau de Paris est formé de trois générations, successivement agrégées et confondues dans le sein de cette grande famille. Il y a la génération de 1830, celle de 1848 et celle de 1860 (1). Dans

(1) On entend par là les avocats dont la position était faite et la notoriété établie déjà à chacune de ces époques ; c'est dans un intervalle de dix ou quinze années que l'on parvient à se créer une situation au barreau ; avant ce temps et sauf de très-rares exceptions on ne compte pas encore.

chacune d'elles nous avons pris un certain nombre d'avocats, en commençant par les plus anciens et les plus illustres, et en terminant par ceux qui, dans l'ordre des dates, ont pris leur rang les derniers.

Parmi ceux qui appartiennent à la troisième génération du barreau, il en est un certain nombre qui ont déjà conquis la notoriété et qui se mêleront quelque jour aux affaires de leur pays. On verra leur nom et le caractère de leur talent dans les esquisses trop rapides que nous leur avons consacrées.

Quant aux notes critiques qui remplissent les pages de ce volume, il en faut dire un mot : elles se composent de cette foule d'observations et de citations que rejette l'unité de la composition littéraire; il ne faut pas trop les dédaigner, elles éclairent et complètent ces études, qui pour la plupart ont été soumises à mille et mille retouches. Elles ne valent sans doute pas ce qu'elles ont coûté, mais l'auteur s'estimera heureux si le public aperçoit seulement la trace des efforts qu'il a faits pour les rendre dignes de son attention.

PREMIÈRE PARTIE.

INTRODUCTION

I

Quand on parle de l'ancienne aristocratie et de sa puissance avant la Révolution, il importe de ne pas se méprendre sur le caractère qui lui était propre et sur le rôle qui lui appartenait dans les institutions de la monarchie.

Il ne faut qu'un instant de réflexion pour reconnaître que la noblesse française ne fut jamais un corps politique et que la position prépondérante dans l'État appartenait en réalité à la bourgeoisie ; quelques faveurs de cour, l'éclat des dignités et des richesses, la prééminence du rang, le prestige de la naissance et des ma-

— X —

nières, tout ce lustre extérieur qui environnait la noblesse n'était que l'illusion de la puissance. Aristocratie essentiellement militaire, récompensée par des priviléges, des services rendus par elle sur les champs de bataille, on n'avait point songé à lui faire une place au sein des institutions politiques.

Il n'y a qu'une manière pour une aristocratie de participer à la vie politique, c'est de retenir une portion du pouvoir législatif ou judiciaire et d'être constituée en assemblée délibérante, comme le Sénat à Rome ou la chambre des lords en Angleterre. Or la noblesse de France n'eut point d'assemblée représentative concourant à la confection des lois ou à l'administration de la justice. Ce fut le vice fondamental de son organisation et le secret de sa perte (1).

---

(1) Aussi est-ce prendre l'effet pour la cause que de reprocher à l'ancienne noblesse son défaut d'esprit politique; c'est ce que fait M. Guizot dans un livre récemment publié par lui et où on lit le passage suivant, d'ailleurs si excellemment écrit, et que nous reproduisons comme le meilleur complément de ces observations.

« Nous avons eu, pendant des siècles, ce mauvais sort que la noblesse française n'a pas compris ses vrais intérêts, ni joué, dans l'état son vrai rôle. Soit influence de son origine, soit vanité, soit défaut de lumières et d'esprit politique, elle s'est isolée pour garder son rang; elle a mieux aimé rester une classe privilégiée que devenir la

Destituée de tout pouvoir, propre sans vocation aux affaires, appelée seulement de temps à autre au gouvernement par le caprice du souverain qui prenait tout aussi souvent pour ministres des hommes sans qualité, n'ayant de voix délibérative que dans les grandes assises de la nation, lors de la convocation exceptionnelle des états généraux, elle se trouva désarmée en face d'un parlement dépositaire d'une grande partie de la puissance publique et expression d'une autre classe de la société à qui devait revenir, tôt ou tard, la direction de l'esprit public.

tête d'une nation. Elle est tombée, envers la royauté, dans une faute tout aussi grave ; elle a préféré, tantôt l'indépendance, tantôt la vie de cour, au partage du pouvoir ; les grands seigneurs ont aspiré à être, non les conseillers, mais tantôt les rivaux, tantôt les serviteurs du roi, et les gentilshommes, voués au service militaire, ont regardé le service politique comme une sorte de dérogeance ; lieutenants ou cornettes, ils se croyaient au-dessus des conseillers d'État et des intendants. Ce mal a entraîné un autre mal : la royauté entravée, harcelée, dépouillée par la haute noblesse, a cherché, contre elle, l'appui de la bourgeoisie et du peuple : la bourgeoisie et le peuple, pour s'affranchir du joug arrogant de la noblesse, ont recherché, à tout prix, l'appui de la royauté. L'aristocratie n'a su prendre sa place ni dans le gouvernement de l'État, ni dans la cause des libertés publiques ; la démocratie n'a grandi que dans l'alliance et au service du pouvoir absolu. » (Extrait de la *Revue des Deux Mondes*, 15 février 1862). *La Génération de 1789*).

Aussi, depuis la constitution définitive des parlements, voit-on presque tous les grands mouvements d'opinion préparés ou conduits par des hommes sortis de leurs rangs; il en est ainsi, par exemple de la Ligue et de la Fronde ces coups de tête d'indépendance (1) donnés avec l'appui des gens de robe; la Révolution Française, cette entreprise d'un si audacieux génie, fut l'œuvre de quelques légistes (2); qui dépassèrent le but qu'ils voulaient atteindre en détruisant les parlements (3).

Le barreau, cette portion encore vivante de ces grands corps en qui semblent revivre son

(1) Ce n'est pas là l'expression dont il eut fallu se servir en parlant des deux grandes crises politiques de notre histoire.

(2) On ne vit jamais, à aucune époque, une telle intrépidité d'âme chez des hommes voués par profession à l'étude des lois, alliance héroïque des talents du tribun au courage du soldat qui frappait déjà César au temps de la guerre des Gaules, et qui forme encore aujourd'hui un des traits les plus saillants du caractère français.

(3) On a remarqué et non sans raison, que lors du décret du 2-11 sept. 1790, qui supprima la profession d'avocat, l'assemblée constituante renfermait alors dans son sein sept membres qui faisaient partie du barreau de Paris: Tronchet, Target, Camus, Treilhart, Martineau et le bâtonnier alors en exercice, Samson; on a de plus fait la remarque que l'assemblée était alors présidée par Thouret, avocat au parlement de Rouen. Comment se fait-il d'après cela que l'on cherche en vain dans les discussions

— XIII —

esprit et ses traditions, fut entraîné dans leur chute, mais il se reconstitua sous le premier empire, et c'est un gré qu'il en faut savoir à Napoléon, dont le discernement incompa-

qui précédèrent la loi, une seule voix qui se soit élevée pour défendre la compagnie des avocats menacée dans son existence? Quelques auteurs en ont trouvé l'explication dans un sacrifice fait par les avocats eux-mêmes, à la gloire et au renom de leur profession. On raconte que les avocats s'abstinrent de parler contre la mesure, ou plutôt qu'ils y adhérèrent par un dévouement exalté pour la gloire et la mémoire de la profession d'avocat. Voyant que l'abolition des anciennes cours souveraines allait livrer l'administration de la justice à une multitude de petits tribunaux, et par suite, disséminer les avocats autour des juridictions inférieures, ils craignirent que l'ancien ordre n'y perdit aussi sa grandeur et sa dignité. On rapporte même que les avocats députés ayant communiqué à plusieurs avocats de Paris la perplexité du comité et ayant demandé une opinion écrite, cette opinion fut rédigée par MM. Bonnaire et Delacroix-Frainville en ces termes : « On doit nous considérer sous deux rapports : Sous celui d'*avocats* et sous celui d'*avocats au parlement*. La dissolution du parlement nous enlève celui-ci. A l'égard du premier, il ne pouvait être de quelque prix qu'autant qu'il y aurait encore des cours souveraines où nous transporterions notre nom, nos attributs et nos prérogatives; mais la nouvelle organisation judiciaire ne laisse pas de place à de pareilles cours. On n'y connaît que des tribunaux chétifs de première instance, qui se relayent les uns les autres pour les causes d'appel. Ce seront ces tribunaux qui donneront l'investiture de la qualité d'avocats. Ces barreaux seront meublés d'une quantité prodigieuse d'hommes qui, sans aucune idée de nos principes

rable s'appliqua tant de fois à rendre la vie aux grandes créations de l'ancien régime (1). L'importance qu'a conservé le barreau dans l'État et même l'influence dont il s'est accru s'expliquent par des considérations de l'ordre le plus élevé.

II

Le barreau n'est pas seulement une profession, c'est une institution dont la profondeur

et de notre discipline, aviliront nos fonctions honorables et les dégraderont de leur noblesse. Cependant ces mêmes hommes s'obstineront à s'honorer du nom d'avocat, ils en usurperont la décoration, ils voudront aussi former un ordre, et le public, abusé par la similitude du nom, confondra ces avocats de circonstance avec ceux de l'ancien régime. Le seul moyen d'échapper à cette *postérité* dangereuse est de supprimer sur le champ la dénomination d'avocat, d'ordre et les attributs qui en dépendent; qu'il n'y ait plus d'avocat dès que nous aurons cessé de l'être. Seuls dépositaires de ce noble état, ne souffrons pas qu'il soit altéré en passant par des mains qui le flétriraient; ne nous donnons pas des successeurs indignes de nous Exterminons nous-mêmes l'objet de notre affection plutôt que de le livrer aux outrages et aux affronts. » (Dalloz, *Jurisprudence générale*, t. V, p. 493, v° Avocat).

(1) On ne remarque point assez que, comme législateur,

atteste le génie des peuples et qui se rattache par des liens invisibles à toute leur organisation sociale et politique.

Ainsi s'expliquent l'antiquité de son origine, la grandeur de ses souvenirs et cette circonstance si frappante que cette profession se retrouve chez tous les peuples, avec les mêmes caractères, la même constitution, environnée partout de la même popularité.

Au point de vue de sa conception, n'est-ce pas en effet le chef-d'œuvre de l'esprit humain que d'avoir institué dans l'État une classe d'hommes qui, sans avoir de caractère public, sans être magistrats ni agents de l'autorité, soient intéressés de la manière la plus étroite à l'observation des lois, veillent à la sûreté des citoyens, à la conservation des libertés publiques, portent leur attention sur tous les intérêts, aient les yeux ouverts sur tous les abus et puissent les signaler, sans empiéter sur les droits de l'autorité ; car ils n'ont aucun pouvoir entre les mains, sans porter atteinte à l'ordre public, car ils se renferment dans la limite des intérêts qui leur sont confiés, sans exciter contre

---

Napoléon n'a fait que bénéficier de tous les projets conçus ou réalisés déjà par les assemblées constituante et législative. C'est le *sic vos non vobis*.

eux l'animosité des citoyens, puisque les libertés qu'ils prennent au nom de la défense sont puisées dans le droit commun qui donne les mêmes armes à ceux qu'ils ont pour adversaires (1).

Mais pour que cette profession rendît tous les services que l'on en devait attendre, il fallait qu'elle fut placée dans des conditions tout exceptionnelles d'indépendance; il ne fallait pas qu'elle fut sous la main du pouvoir, car elle disparaissait à l'instant même pour devenir un effroyable instrument de tyrannie; elle ne devait pas être un monopole, car c'eût été porter une atteinte odieuse au droit naturel de la défense; il fallait pour compléter cette institution si profonde que le ministère d'un avocat ne fût pas même obligatoire devant les tribunaux, car

---

(1) Aussi, ceux qui critiquent les libertés du barreau travaillent-ils contre eux-mêmes et tirent-ils sur leurs propres troupes; mais l'opinion n'a jamais été un moment égarée par ces injustes critiques :

« L'opinion, dit M. Pinard, suit le barreau avec confiance parce que le barreau a dans sa marche quelque chose qui l'enhardit et le rassure. On est fort lorsqu'on a la loi pour soi et qu'on sait d'avance les limites qu'on ne doit pas franchir. Les peuples mûrs ne songent à s'insurger ni par humeur ni par caprice. *Les seules révolutions qui ont duré ont été des révolutions légales.* » (*Le Barreau*, par M. Os. Pinard, p. 29.)

c'eût été encore une atteinte à la liberté, et la confiance qu'inspire l'avocat en eut été ébranlée. Chacun peut se défendre lui-même si bon lui semble, chacun peut revêtir le caractère d'avocat en remplissant les conditions de capacité que cette profession nécessite; point de charge à acheter, point d'investiture à recevoir du souverain, c'est l'affranchissement de tous ces liens qui fait sa force, c'est une vocation de droit naturel, elle tire d'elle-même toute sa puissance, l'avocat n'a qu'un serment à prêter devant la justice et il appartient à son ministère.

C'est par des raisons pareilles que l'ordre des avocats se gouverne lui-même, donnant l'image la plus fidèle, comme on l'a dit tant de fois, d'une république qui s'administre par des chefs temporaires choisis par elle-même dans son sein. Régi par des traditions qui sont le fruit d'une profonde sagesse et dont l'austérité n'accorde rien à l'affaiblissement des mœurs, le côté organique de cette profession est une des choses les plus parfaites qui soient sorties de l'épreuve du temps (1).

---

(1) Le décret de 1810, contenant règlement sur l'exercice de la profession d'avocat et la discipline du barreau, était empreint de la défiance la plus injuste envers l'ordre des avocats. L'art. 40, plaçait dans la main du grand-

L'État possède ainsi dans son sein toute une classe d'hommes disciplinés et libres, incorruptibles par état, désintéressés par honneur, dévoués aux principes d'ordre, consommés dans la connaissance des lois, en faisant péné-

juge, le pouvoir arbitraire de rayer un avocat du tableau, sans même l'entendre, disposition dont l'effet était de rendre incertaine et vacillante celle de toutes les existences sociales qui doit être le plus à l'abri des caprices de l'autorité, l'art. 10 défendait à un avocat d'aller plaider hors du ressort, sans en avoir au préalable obtenu la permission. L'art. 44, leur imposait l'obligation de faire mention de leurs honoraires au bas de leurs consultations et d'en donner reçu pour les plaidoiries, mesure contre laquelle les avocats de Paris avaient protesté sous l'ancienne monarchie toutes les fois que l'on avait tenté de l'introduire. C'était le procureur-général qui choisissait le bâtonnier et les autres membres du conseil sur une liste de trente candidats issus du suffrage de l'assemblée générale. L'Empire tomba sans que le gouvernement eut rien changé à l'état de choses fondé par le décret de 1810. C'est au gouvernement de Louis-Philippe que l'ordre des avocats est redevable de la restitution qui lui a été faite d'une partie de ses anciennes franchises. Après la Révolution de 1830, l'un des premiers actes du gouvernement, qui s'établit alors, fut de faire droit aux demandes les plus urgentes, notamment en rendant aux avocats le droit d'élire directement leur bâtonnier et leur conseil de discipline, même dans les siéges où les fonctions du conseil étaient, d'après l'ordonnance de 1822, exercées par les tribunaux; et d'une autre part, en permettant aux avocats inscrits au tableau, de plaider sans autorisation devant toutes les cours et tous les tribunaux du royaume.

trer partout les notions, appliqués à l'étude de tous les intérêts, aptes à toutes les fonctions, fournissant des hommes à toutes les carrières, à la magistrature, à l'administration, à la politique, et constituant par là même non pas seulement une corporation, mais une institution, un *ordre*, ainsi que le beau nom lui en a été donné.

Dans tous les États, il faut qu'il y ait une classe de la société où puissent se former les hommes qui sont appelés au maniement des affaires publiques. Dans les pays aristocratiques, comme l'Angleterre, où la pairie héréditaire prépare au gouvernement dès le berceau, la chambre des lords est la pépinière naturelle des hommes politiques; mais dans les États démocratiquement organisés comme (1) la France, c'est en grande partie dans le sein du barreau que l'on est conduit à recruter les hommes politiques.

Il n'est point en effet de carrière qui semble capable de mieux préparer à la vie publique ; l'application de l'esprit à toutes les affaires, l'étude de toutes les questions, de tous

---

(1) Ce mot de démocratie est plein de *duperies*, il y faut faire attention.

les intérêts, la pénétration de tous les secrets de la vie sociale, l'expérience que donne le contact des hommes aperçus dans toutes les conditions, et dans toutes les classes, étudiés dans leurs passions, montrant à nu leurs caractères, leurs faiblesses, les mobiles cachés qui les dirigent; l'habitude de les conseiller, de les convaincre, d'agir sur leurs déterminations, tout sela semble bien fait, il faut en convenir, pour façonner à la vie politique un esprit d'ailleurs bien doué.

Les Romains comme les Grecs n'avaient qu'un mot pour désigner le place publique et le barreau; il n'est pas en effet jusqu'à la vie du Palais, sorte de Forum où se débattent les affaires privées comme les affaires publiques se débattent dans les chambres, qui ne soit une initiation aux mœurs, aux convenances, aux procédés parlementaires; le barreau, école de l'éloquence, est comme le vestibule de la tribune. Le gouvernement constitutionnel qui veut à sa tête des hommes faits pour parler aussi bien que pour agir; des orateurs en même temps que des hommes d'État, devait prendre naissance dans les pays où le barreau est en honneur; aussi depuis la Restauration, et surtout depuis la monarchie de Juillet, il n'est pas un avocat dont le nom ait figuré avec éclat dans les rangs du barreau que la vie politique n'ait plus ou moins réclamé. MM. Berryer, Marie, Crémieux, Jules Favre, Sénart, Dufaure ont fait tour à tour partie de nos assemblées. Les uns sont montés jusqu'aux sommets les plus élevés du pouvoir, les autres ont été ministres, sous-secrétaires d'État, présidents des assemblées (1).

(1) « Quel est le pouvoir, quel est le parti, dit M. Pinard, qui n'a pas eu besoin d'avocats ? Quelle est la classe qui, depuis un demi-siècle où la carrière est ouverte à toutes les ambitions, ait offert plus d'orateurs à la tribune, plus d'hommes d'État au conseil, plus de victimes à l'échafaud ? Où y a-t-il plus de modération, plus de dévouement, plus de lumières, plus de courage ?...

» A l'Assemblée constituante, Thouret, Barnave, Chapelier, ces pères de la liberté française, qui sont morts pour elle, étaient des avocats. C'étaient aussi des avocats. à la Convention, que Pétion, Buzot, Vergniaud, Guadet, qui se sont trompés comme se trompent les belles âmes, et que le destin des révolutions épiait pour les dévorer. — Sous l'Empire, l'empereur s'en servit sans les aimer. Portalis, Tronchet, Bigot, Duveyrier, Berlier et quelques autres, étaient des avocats. Les fonctionnaires de l'empire, les conseillers, les administrateurs, avaient presque tous appartenu au barreau. — La Restauration elle-même, qui avait sous la main les classes élevées de la société, allait chercher au barreau : Lainé, de Serres, Martignac, orateurs éloquents dont le barreau doit conserver les noms avec orgueil, et qui tous trois ont payé de leur vie le crime qu'on pardonne le moins, celui d'avoir été plus sages et plus habiles que ceux qu'ils avaient voulu servir, étaient des avocats. — La Révolution de 1830, qui eut quelques

C'est dans cette grande armée de l'ordre et de la liberté que le gouvernement de l'Empereur a choisi plusieurs des hommes éminents qui président, à des titres divers, à l'administration de la chose publique !.....

III

Il y a dans la profession d'avocat une grandeur idéale qui s'empare de l'imagination d'une manière toute puissante, et c'est ce qui explique le prestige qu'elle exerce sur les hommes de toutes les conditions ; ce que le peuple aime surtout chez l'avocat, c'est son désintéresse-

---

actes de mauvaise humeur contre les avocats, ne leur a pas moins confié, presque exclusivement, le soin de la représenter et de la défendre. La liste serait trop longue de ceux qu'elle a enrégimentés à son service.... MM. Dupin, Teste, Sauzet, Barthe, Persil, Martin (du Nord), Hébert, Berryer, Mauguin, Marie, Odilon-Barrot, Dufaure, Pillault, soldats sortis du même camp, sont venus combattre sous des drapeaux opposés. » (*Le Barreau*, par M. Os. Pinard, p. 10 et suiv.)

ment, sa haine incarnée de l'injustice, son attitude inébranlable dans la défense des intérêts qui lui sont confiés, la cordialité si franche de ses manières, la hardiesse de son langage devant les adversaires les plus puissants.

Mais, à un point de vue plus général, à quelle hauteur son rôle ne s'élève-t-il pas? Il est chargé de la mission la plus imposante qui puisse être déléguée sur la terre : le droit sacré de la défense; quand il s'agit de l'honneur et de la vie d'un de ses semblables, il n'appartient à aucun pays, à aucune opinion, c'est l'homme de l'humanité; sollicité par toutes les infortunes, il les accueille toutes avec une égale piété; il fait entendre le cri de toutes les souffrances, il exhale des douleurs, des tourments, des combats de l'âme humaine, auxquelles il ne manque que l'éloquence pour arracher des larmes; il fait tressaillir la pitié devant des actes qui n'inspiraient, au premier abord, que la vengeance; il explique par quelles gradations terribles l'homme, à travers les misères, est conduit au crime après des tortures sans nom ou par des fatalités d'organisation dont la Providence seule a le secret.

Parler au nom des plus grands intérêts publics et privés, soulever les plus hautes questions de droit, agiter les plus grands problèmes de la vie sociale en s'inspirant aux sources les plus pures de la loi morale, se porter le soutien des faibles, résister à la puissance avec un front sévère, voir chaque jour dans sa main l'honneur, la fortune et la vie des hommes, quel rôle magnifique pour l'avocat! Et cependant qu'est-il? Rien. Il n'a qu'un mandat volontairement donné, il n'a qu'un droit, celui de parler librement dans la mesure des intérêts qui lui sont confiés, mais cela suffit pour imprimer à sa mission un caractère d'incomparable grandeur; pour peu qu'il ait de talent, l'avocat est un être à part qui prend une position exceptionnelle, étonnante, au sein de la société; obscur et perdu dans la foule, il porte dans sa tête le souci des plus grands intérêts, n'ayant de guide que sa conscience, d'autre loi que celle de son honneur, il apparaît lui-même comme une magnifique personnificateur de la liberté et du devoir.

Appelé à prévenir les procès comme à les suivre, fait pour concilier en même temps que pour combattre, apôtre militant comme ces anciens chevaliers de Malte engagés à la fois dans le sacerdoce et dans l'armée, sa mission participe vraiment de celle du soldat et du prêtre, ces deux grandes figures sociales, à côté desquelles il apparaît sur le même plan.

Dépositaire inviolable des secrets comme le prêtre, il agit comme lui par la persuasion et les conseils, rapprochant les intérêts, apaisant les ressentiments, usant enfin comme lui de son influence personnelle pour faire composer les sentiments mauvais ; mais, tandis que le prêtre, renfermé dans le sein de la famille ou du sanctuaire, n'entre point en contact avec le mouvement extérieur de la société, l'avocat s'élance au milieu de la vie, se mêle à toutes les agitations du monde, à toutes les passions de son époque, à toutes les tempêtes ; comme le soldat, il s'expose de sa personne et découvre sa poitrine au danger, soit qu'il affronte des adversaires tout puissants, soit qu'il démasque de ténébreuses intrigues, soit qu'il s'oppose aux rancunes du pouvoir en défendant sans ménagement ceux sur qui s'appesantit l'odieuse main de l'arbitraire.

Et, à côté de tout cela, la mission de l'avocat présente un côté austère qui ramène encore une fois les idées de dévouement et d'abnégation, sa profession est trop remplie par de grands devoirs pour qu'il lui soit permis de la concilier avec d'autres occupations, pour qu'il puisse se mêler, soit au commerce, soit à l'industrie, soit même accepter une position dans l'État ; il n'y a que les lettres qui ne le fassent pas déroger ; l'idée du lucre est si antipathique à la dignité de cette profession qu'elle ne permet pas à l'avocat de réclamer le prix des services qu'il a rendus, et que par une fiction magnifique elle refuse d'y voir autre chose qu'un don volontaire de la part de ceux qu'elle a servis.

IV

On demandait un jour à Paillet quelles qualités un avocat devait réunir pour être complet ; il secoua la tête sans répondre et laissa passer sur ses lèvres un de ces sourires que l'on ne traduit pas : « Donnez à un homme toutes les qualités de l'esprit, donnez-lui toutes celles du caractère, dit-il enfin, faites qu'il ait tout vu, tout appris et tout retenu, qu'il ait travaillé sans relâche pendant trente ans de sa vie, qu'il soit à la fois un littérateur, un critique, un moraliste, qu'il ait l'expérience d'un vieillard, l'ardeur d'un jeune homme, la mémoire infaillible d'un enfant; faites enfin que toutes les fées soient venues s'asseoir successivement à son berceau et l'aient doué de toutes les facultés, et peut-être, avec tout cela, parviendrez-vous à former un avocat complet. »

Voilà ce que disait un jour Paillet, exagérant à dessein sa pensée pour faire comprendre ce qu'est une profession dont les difficultés sont si grandes, qu'elles semblent de beaucoup au-dessus des forces du commun des hommes, en sorte que ce soit un très-grand succès dans cette carrière que de parvenir seulement à la médiocrité.

Quand on dit qu'il faut au moins dix années pour se faire une place au barreau, on exprime une vérité qui se confirme à la première expérience de cette profession; on n'arrive de suite aux grandes affaires ni par la force, ni par l'adresse, ni même par le talent.

La maturité de l'esprit est un fruit tardif qui ne se cueille qu'après le talent, qui n'arrive lui-même qu'après des travaux dont on ne soupçonne point en commençant les effrayantes proportions, car on reculerait devant elles.

La science du droit par elle-même, il ne faut pas songer à en faire sentir les difficultés, c'est peut-être le plus vaste des mondes de l'intelligence, et celui où l'esprit a besoin des facultés les plus pénétrantes et les plus justes, où le jugement doit s'exercer avec plus de rigueur.

Appelé, par la diversité des intérêts qui lui sont confiés, à étudier les questions les plus étrangères en apparence à la science du droit, l'avocat est conduit peu à peu à parcourir l'universalité des connaissances humaines.

Dans la sphère du droit pénal, appelé à mesurer le degré de culpabilité, il doit connaître toute la série des caractères humains, sonder tous les abîmes de la conscience à l'aide de la philosophie et de la morale, en connaître au moins tous les systèmes généraux parce que les actions de la plupart des hommes s'expliquent, non-seulement par leurs passions, mais par les principes moraux, philosophiques ou religieux, qui gouvernent à leur insu leur esprit, et avec lesquels ils excusent intimement leurs fautes.

Mais en supposant à l'avocat toutes les connaissances qui lui sont nécessaires, en lui supposant les plus solides qualités de l'esprit, la nature n'a rien fait pour lui si elle ne lui a donné une faculté, qu'elle donne comme la force du corps ou la beauté, le don de la parole.

L'improvisation est certainement un des phénomènes les plus subtils de l'organisation humaine. Parvenue à son dernier développement, elle donne à la parole toutes les qualités de forme et de fond qui ne s'obtiennent dans les ouvrages d'esprit qu'à force de travail et de patience : la correction et le mouvement du style, la liaison et l'enchaînement des idées et par dessus tout un art de les présenter, qu'aucune préparation ne peut donner. C'est ce que l'on appelle d'un mot merveilleusement expressif : *l'inspiration* qui suscite à un moment toutes les facultés et les arrache à la pesanteur terrestre pour les faire jouer sans effort tant que durent les causes de surexitation sous l'influence desquelles l'esprit est placé.

Aussi tandis que l'écrivain torturé, par la recherche de la forme, se désespère la plume à la main, l'orateur voit s'envoler avec profusion de ses lèvres les formules faciles qui prennent les contours de sa pensée. Il y a dans les plaidoiries des expressions, des tournures de phrases que l'on ne trouverait jamais en les cherchant, et qui raviraient si on pouvait se les approprier en écrivant.

Mais il ne faut pas songer à dire au prix de

quels efforts tout cela s'obtient; les difficultés d'exécution de la plaidoirie sont pour les plus anciens un éternel sujet de doléances. Il en est qui ne sont jamais contents d'eux, qui s'informent toujours avec crainte de la façon dont ils ont plaidé; c'est une émulation qui fait le tourment et le bonheur de la vie et exalte au delà de toute expression le sentiment de la responsabilité.

V

Un des préjugés les plus injustes qui se soient accrédités, c'est celui qui reproche à l'avocat de plaider tour à tour et indifféremment le pour et le contre. Beaucoup de personnes paraissent croire que dans tout procès, il y a nécessairement une cause qui est bonne et l'autre qui est mauvaise, que d'un côté est le bon droit, de l'autre l'injustice, et que tout cela apparaissant avec la dernière évidence aux yeux de l'avocat, il fausse en quelque sorte sa conscience, quand il prête son ministère à la mauvaise cause. C'est un sophisme d'ignorance qui ne devrait jamais se rencontrer dans la bouche d'un plaideur. Quand deux parties viennent vider leur différent devant les tribunaux, qui donc croit réellement avoir raison? toutes deux. Qui donc a raison? souvent toutes deux. Quand il s'agit de questions de fait, les réticences des parties et la passion qui s'en mêle ne permettent pas toujours de distinguer où est la bonne foi; quand il s'agit de questions de droit, il est souvent aussi difficile de décider dans un sens que dans l'autre; et c'est pour cela que plusieurs tribunaux jugent souvent d'une manière différente ou opposée la même question; c'est pour cela que des jugements rendus de telle manière en première instance sont décidés de telle autre en appel et se trouvent en fin de compte cassés devant la cour suprême, enfin que la divergence s'établit même dans les arrêts de la cour de cassation : jugements contraires en première instance, arrêts contraires en appel, arrêts contraires devant la cour de cassation. Où donc est en pareil cas le fondement des reproches adressés aux avocats de plaider facultativement le pour et le contre? Il faut ne pas oublier que la justice est l'œuvre la plus difficile de l'esprit humain ; ainsi le veut la faiblesse de nos facultés qui ne peut s'étendre à toutes les conséquences des principes, des idées et des faits dont la combinaison si compliquée s'offre à tout instant comme une énigme à l'esprit de l'avocat, comme à celui du juge.

Dans les questions qui sont purement de fait, on oublie que par une assimilation providentielle l'avocat s'identifie avec toutes les idées, quelquefois avec toutes les passions de son client ; c'est une grâce d'état, c'est la sauvegarde de la défense, c'est une loi providentielle encore un coup.

Si l'on connaissait mieux les secrets de la profession, on serait bien persuadé de cette vérité que l'avocat croit presque toujours à la justice et à la bonté de sa cause. C'est ainsi, par exemple, que dans les affaires criminelles, beaucoup de personnes s'imaginent que l'avocat, quand il plaide pour un infortuné, sait intimement qu'il est coupable et qu'il en impose à la justice par ses dénégations, c'est encore un préjugé déplorable ; où serait sa force, où puiserait-il son éloquence ? où trouverait-il ses accents, s'il ne parlait qu'avec le sentiment d'une erreur artificieusement combinée. Sans doute il est souvent obligé de jeter un voile sur des faits qu'il n'ignore point, de taire des circonstances qui lui sont connues; il est de pieuses réticences. Mais combien de fois l'avocat lui-même n'ignore-t-il pas la vérité? Combien de fois les accusés ne la cachent-ils pas à leur défenseur, combien de fois l'innocence aussi n'est-elle pas le seul secret de l'accusation? Et c'est dans ces moments-là que le rôle de l'avocat apparaît dans toute sa grandeur, lui dont le cri d'alarme arrête si souvent le bras de la répression en éclairant la justice, à l'œuvre de laquelle il concourt.

VI

Voilà ce qu'il y a de vraiment idéal dans la profession d'avocat; nous espérons pourtant à peine en avoir donné une idée, car il est de l'essence des grandes choses de ne point se laisser définir; on ne peut que les affaiblir en y touchant.

Tant de travaux, tant d'épreuves, tant de luttes incessamment répétées, la vue des grandes choses et des plus petites, le spectacle toujours mouvant de la vie humaine, qui passe sans cesse devant les yeux de l'avocat, font que sa profession l'absorbe tout entier; il ne s'appartient pas, il n'a pas une heure pour songer à lui; plus sa profession lui a coûté, plus il l'aime; elle devient un culte pour lui, elle lui apparaît toujours de plus en plus belle, de plus en plus pure. Quand on est entré dans cette carrière, on n'en peut plus souffrir d'autre; c'est qu'aussi cette vie du Palais, ce mouvement continuel qui se fait autour de l'avocat, la diversité des affaires qui partagent son esprit, les visites des clients, les conférences avec les gens d'affaires, l'animation des luttes oratoires, tout cela est plein d'un attrait que rien ne fait oublier. En descendant de toutes les hauteurs du pouvoir, les hommes politiques retrouvent au barreau leurs plus beaux jours et leurs plus vivants souvenirs (1).

---

(1) « Cicéron, qu'il faut toujours citer lorsqu'on parle d'éloquence, ne mettait rien au-dessus de l'éloquence judiciaire. Cet homme, qui fut le premier philosophe et le premier écrivain de son temps, ce personnage consulaire qui avait sauvé la république*, ne pouvait pas sans un indicible sentiment de joie et d'orgueil reporter ses sou-

* Il le croyait du moins.

— XXXV —

La pratique de cette profession empreint le fond des idées d'un caractère de philosophie exempt d'amertume, l'esprit d'une spontanéité et les manières d'un abandon, qui rendent la compagnie des avocats une des plus polies du monde. Il s'établit dans l'âme une tolérance sans effort pour les opinions et les caractères. Le courroux de l'avocat ne se soulève qu'à l'aspect de l'injustice; alors son front devient intrépide; enveloppé de sa robe, debout devant les magistrats, il est auguste, car il apparaît comme l'incarnation vivante du droit et de la liberté.

Dans le monde, ne relevant que de sa conscience et de sa dignité, il a une liberté d'allure qui lui est propre; homme de tous les pays et de tous les temps, vivant dans le monde des intelligences, placé sur un pied d'égalité avec les plus grands personnages, l'humilité comme l'orgueil, sont deux sentiments qu'il ne connaît pas; il est simple: personne n'est trop petit pour son regard; connaissant les plaies secrètes de la

venirs vers les triomphes de sa jeunesse. Pour lui, il n'y avait rien de comparable à la gloire du barreau. Un plaidoyer, comme il le concevait, était à ses yeux la plus difficile de toutes les œuvres de l'intelligence humaine. » (Os. Pinard, *le Barreau*, p. 77.)

fortune, l'inanité des supériorités sociales et le peu qu'il faudrait aux hommes les plus obscurs pour rayonner dans les plus hautes sphères, il n'admire pas grand chose et il passe à travers la vie, portant sur son front la tranquille dignité de l'homme juste.

GORGIAS [1]

I

Il y a à Athènes un fameux orateur que l'on appelle Gorgias, qui parle dans les assemblées

[1] Ce portrait a fait quelque sensation quand il a paru; c'est une faveur qu'il a dû, bien moins à son mérite littéraire qu'à la renommée du brillant orateur que l'on a cru reconnaître dans ce personnage. En feuilletant un jour par hasard un livre de l'abbé Auger, sur les orateurs de l'ancienne Grèce, l'auteur, préoccupé depuis quelque temps déjà de ce nom de Gorgias, conçut la pensée de cette étude qui paraissait quelques jours après dans une feuille infime, où quelques personnes prirent la peine de la remarquer. *Habent sua fata libelli* : On parla de ce portrait, et l'auteur eut un matin la surprise de le voir reproduit dans les colonnes du *Figaro*, précédé de l'introduction que voici :

« En furetant çà et là, sur les quais, à l'étalage des bouquinistes, nous avons déniché parmi les reliques d'une

du peuple, sur les affaires publiques, et devant les tribunaux, pour la défense des citoyens.

feuille judiciaire qui n'a vécu, hélas! guère plus que les roses, la *Cour d'Assises illustrée,* le portrait d'un orateur antique, lequel nous parait avoir des traits frappants de ressemblance avec certain avocat député, classsé par un spirituel journaliste dans la famille des reptiles venimeux: « Placez, disait-il, une jatte de lait sur la tribune, vous
» êtes sûr que M. *** y viendra. »

» Le *Figaro* devait à ses contemporains de ne pas laisser pourrir dans la fosse commune de la bouquinerie une page que n'aurait pas désavouée le grand portraitiste Timon.

» H. DE V. »

(N° du 18 septembre 1862.)

Le numéro suivant du *Figaro* contenait une lettre de l'auteur, ainsi conçue :

A *M. de Villemessant,* rédacteur en chef du FIGARO.

« Monsieur,

» Ce n'est pas sans regret que j'ai pu lire dans le dernier numéro de votre journal la reproduction d'un article intitulé *Gorgias,* qui a paru, en effet, signé de mon nom, dans une feuille périodique depuis longtemps oubliée.

» C'était, je le reconnais, faire beaucoup d'honneur à ce modeste travail que de le tirer de la poussière pour lui donner tout à coup l'éclat de votre publicité. Vous avez sans doute apprécié que l'auteur, quel qu'il fût, ne pourrait s'en plaindre, et vous n'avez point jugé qu'il put être utile de l'avertir de cette insertion. Vous auriez eu raison, Monsieur, et je ne vous aurais point donné signe de vie à ce propos si vous n'aviez cru devoir faire précéder cette publication d'un commentaire dont je ne puis, par mon silence, accepter la solidarité.

» Il vous plaît de reconnaître dans le personnage de

Comme orateur, Gorgias est *le prince des sophistes;* comme conseiller du peuple, il n'est pas de beaucoup supérieur à Cléon ; mais c'est un de ces hommes auxquels il est donné d'acquérir de l'importance, parce qu'ils ont en eux deux leviers moraux d'une grande puissance : l'opiniâtreté et l'orgueil; aussi, quelqu'opinion que l'on puisse avoir de ses talents ou de ses vertus, il semble difficile de ne pas compter avec lui.

Né à Léonte, dans la 87ᵉ olympiade, il exerça

Gorgias un avocat et un homme politique contemporain : s'il peut paraître que j'ai fait allusion dans ce portrait à l'homme illustre que vous semblez désigner, il ne viendra à la pensée de personne, en le lisant, qu'il puisse justifier les expressions si regrettables dont vous avez pris la liberté de vous servir.

» Étranger au journalisme, n'en ayant ni la vocation ni le talent, je me sens trop flatté par les éloges que vous avez la politesse de donner à la forme de cet article; c'est un plaisir d'ailleurs dont vous avez trop cruellement altéré la source pour qu'il me soit permis de le goûter; s'il était vrai, comme vous voulez bien le croire, que je fusse en état de tenir une plume, soyez assuré que je ne m'en servirais jamais pour ternir de pures gloires et que je chercherais toujours à éviter des personnalités qui ne peuvent se concilier à mes yeux avec la dignité de l'écrivain.

» Veuillez, etc.,
» MAURICE JOLY. »

(Nº du 21 septembre 1862.)

tout d'abord dans cette ville la profession de rhéteur. Il avait, à ce qu'il paraît, l'habitude de mêler à ses leçons de violentes déclamations contre la tyrannie, mais, quoique jamais les libertés publiques n'eussent été plus en sûreté qu'à cette époque, ses doctrines démagogiques ne lui attirèrent pas moins beaucoup de partisans et de disciples ; cependant le bruit de son nom n'avait pas encore à ce moment pénétré à Athènes, où la célébrité n'arrive quelquefois que vers le déclin de l'âge, tant le pays de l'Attique est fécond en talents de toutes sortes.

Pendant son séjour à Léonte, Gorgias prenait encore en secret les leçons de Plisthènes ; c'est par des travaux obstinés qu'il parvenait peu à peu à façonner cette parole qui fait aujourd'hui l'admiration de presque tous ceux qui l'entendent. On prétend que la faculté d'improvisation lui faisait entièrement défaut en commençant, et que, pour s'approprier les secrets du langage, il écrivait ses discours jusqu'à ce qu'il eût épuisé toutes les manières différentes d'exprimer les mêmes pensées, de telle sorte qu'une phrase quelconque étant donnée, il fût en état de la finir dans la forme où elle se présentait, mais, malgré ses efforts, il ne parvint pas à triompher complétement de son organe, qui resta toujours affecté d'une sorte de râle, qui fatiguerait cruellement l'oreille si la magie de son style n'en effaçait à tout instant l'impression.

Il était fixé depuis longtemps à Athènes, où sa réputation d'orateur brillait au premier rang, lorsqu'éclatèrent les discordes civiles qui amenèrent un instant au pouvoir la faction dont il faisait partie ; caché derrière Cléon, qui jouait alors un des principaux personnages de la république, il eut occasion de faire pour la première fois l'apprentissage du gouvernement, et il put se convaincre par lui-même qu'il est souvent plus facile de bien parler que de bien agir. On prétend que c'est lui qui rédigea avec la célèbre Aspasie, qui s'est toujours un peu mêlée de politique, le texte de ces fameux décrets qui firent tant crier à la tyrannie et dont les bravades impopulaires rendirent Cléon plus ridicule que redoutable. Après l'ostracisme de ce dernier, il cessa de participer au gouvernement, qui avait passé en d'autres mains ; mais il lui succéda comme chef de la démagogie au sein des assemblées populaires. Cléon avait été son chef d'école à la tribune, il paraît procéder également de lui en politique.

II

Mais c'est uniquement comme orateur que Gorgias est envisagé ici, et, à ce titre, il s'est acquis une renommée qui ne périra point, quelques critiques que l'on puisse adresser à son talent. Pourquoi? C'est que chez le peuple du monde le plus épris de la forme, et qui a inventé le mot d'*atticisme* pour exprimer l'élégance et la pureté du langage, il est resté le maître en l'art du bien dire. Quiconque l'entend, soit devant l'aréopage où sont portées les causes criminelles, soit devant les juges civils délégués par les magistrats, ne peut qu'être frappé de la richesse de son style. Il est prodigieux d'entendre un homme parler d'abondance pendant plusieurs heures avec une correction que les meilleurs écrivains ne trouveraient sous leur plume qu'à force de retouches laborieuses ; c'est merveille de voir avec quelle facilité inouïe les phrases se composent et s'enchaînent, avec quelle justesse singulière les termes se placent et se complètent, *il a le génie de l'épithète.* On ne peut douter qu'il n'improvise ses discours, car on assiste en l'entendant à je ne sais quel exercice périlleux qui rappelle l'impression que l'on éprouve quand on voit un homme en équilibre sur une corde tendue : avec l'espèce de râlement qui entrecoupe son débit, on s'inquiète involontairement pour le mot qui va venir, pour la suite de la phrase commencée, mais à chaque moment, on voit la difficulté vaincue, à chaque suspension le mot arrive avec plus de bonheur, la phrase s'élance et s'achève plus pure ; il semble qu'il n'ait qu'à tousser légèrement pour faire tomber de ses lèvres comme des trésors d'expressions. Et voilà précisément ce qui fascine le peuple quand il parle. Rien ne peint mieux d'ailleurs le charme qu'il exerce sur la foule que ce qui lui est arrivé en Thessalie : Étant allé dans ce pays pour défendre un citoyen accusé de crime capital, les rudes habitants de cette contrée furent si ravis de l'entendre qu'ils ont créé le mot de γοργιαζειν, formé du nom de Gorgias, pour exprimer le plaisir que leur font éprouver les beautés de l'éloquence.

III

Malheureusement toutes ces merveilles oratoires ressemblent trop à des tours de force et d'adresse; c'est un écueil que Gorgias n'a pas su éviter, loin de là : Un jour, on l'entendit déclarer en plein théâtre qu'il était prêt à parler sur quelque sujet qu'on voulût lui proposer, s'offrant de soutenir avec une égale facilité le pour et le contre, le vrai et le faux. Du moins c'est Aristophane qui raconte cette circonstance et l'on n'est pas tenu de l'en croire, car il invente ce qu'il lui plaît pour se jouer des hommes publics.

Quoi qu'il en soit Gorgias semble plus faire état de parler bien que de parler juste, de plaire que de convaincre, d'éblouir que de persuader: aussi quand il plaide devant les tribunaux, quelque ardeur qu'il mette en apparence à défendre ses causes, on dirait qu'au fond il lui est indifférent de les gagner ou de les perdre ; on devine qu'il n'est sensible qu'au plaisir de s'entendre parler, qu'il ne s'attache qu'à l'agrément et à la force de ses expressions (1), qu'il ne cherche qu'a étonner par l'art avec lequel il sait soutenir les propositions les plus invraisemblables, ébranler les vérités les mieux établies, *semant le doute* dans les consciences comme le laboureur sème le blé dans les sillons. Aussi, par la logique même des choses, c'est toujours à lui que viennent les affaires les plus bizarres, les plus scabreuses, les plus *impossibles* (2), les procès en désaveu de paternité, en captation de testament, les demandes en divorce fondées sur l'impuissance du mari, et bien d'autres causes dont lui seul a le privilége de glisser dans l'oreille du juge les moyens problématiques ou les détails équivoques, tant il a par excellence l'art de dire les choses difficiles.

Le chef de l'aréopage disait dernièrement de lui, qu'il était l'avocat des *causes sans espoir dans les cas les plus désespérés*. Il est difficile, en effet de perdre plus de procès que Gorgias :

---

(1) La préoccupation de satisfaire aux conditions de l'art domine en lui l'effort de la persuasion.

(2) Expression fort risquée sans doute, mais que l'on n'a point voulu changer puisque le tout à paru ainsi. Les négligences de style ne déplaisent pas toujours quand elles sont discrètes.

ses plaidoiries sont des oraisons funèbres ; mais quel talent et quel style ! quelles phrases charmantes n'ont pas vibré dans les airs! quel cygne à sa dernière heure! quel rossignol, au fond des bois, eût fait entendre de tels accents !

IV

Mais, il faut bien le reconnaître, la pureté de la diction, l'éclat du style et des images ne sont pas les uniques attributs de l'éloquence de Gorgias ; il n'a pas que l'élégance et la grâce, il a la puissance et la force, contraste étonnant, qui est un des priviléges de son organisation, comme un des secrets de son influence; on ne peut pas dire de lui comme d'Isocrate qu'il n'est qu'un joueur de flûte, car il suffit de frapper Gorgias pour faire rendre tout à coup à sa poitrine le son de l'airain. Dès qu'on l'attaque, il se transforme d'une manière terrible : il a les bons imprévus du lion, il en a les morsures profondes ; il déchire à l'instant même son ennemi. Sa réplique a des retours offensifs que l'on ne soutient pas, des réticences formidables : des réticences, car la mesure ne l'abandonne jamais ; il a la colère froide, ce qui lui permet de voir d'un coup d'œil la place où il doit frapper. Cette parole qui, pendant trente ans, a appris à se modeler et à se contenir, est sûre de ses coups comme un glaive dans la main d'un maître d'escrime ; sans efficacité pour convaincre, elle a tout ce qu'il faut pour donner la mort. Il est à regretter seulement que ce ne soit pas uniquement pour se défendre que Gorgias fasse usage de ces armes dangereuses ; il attaque souvent sans provocation. Comme Timon, son confrère, il excelle dans l'art d'insinuer le soupçon, d'évoquer des souvenirs cruels, d'incriminer les intentions ; mais il a le courage de toutes ses audaces, il offre sa poitrine à tous les coups, il les provoque, il les attend, il les brave; il ne sait pas ce que c'est que fléchir devant les hautes influences, il arrache les masques quels que soient ceux qui les portent : abrités derrière lui, ses clients, s'ils ne gagnent pas leurs procès, savourent du moins à longs traits le plaisir de la vengeance ; ils voient expirer leurs adversaires, ou ils ont la satisfaction de leur avoir fait des blessures qui ne guériront pas de longtemps. Quels trésors d'ironie! Qui ne l'a vu dans ces moments-là, quand il se tient à la barre de la défense, devant le peuple assemblé, dirigeant vers son adversaire une main accusatrice, secouant sa chevelure emmêlée, avec sa barbe blanchie qui se retourne en forme de croc, avec sa lèvre qui s'avance toute chargée de sarcasmes, avec ses larges épaules qui se tournent et se retournent comme pour suivre les évolutions de sa pensée! Dans ces moments-là, son style s'élève comme les strophes de Pindare; il monte comme lui jusqu'aux nues. et il y ravit le tonnerre pour le faire tomber aux pieds de son ennemi.

V

Et cependant comment se fait-il qu'avec de si puissantes facultés, Gorgias laisse toujours froids ceux qui l'entendent? C'est que sous l'appareil du langage, il est lui-même toujours glacé; c'est que son âme ne connaît pas le véritable enthousiasme; toujours paré, toujours attentif à la correction de sa phrase, il ignore les sublimes désordres de l'éloquence, il ne sait pas le chemin du cœur (1).

Et puis, comment se fait-il encore qu'avec tant de charmes dans l'élocution, tant de ressources dans l'esprit, une secrète monotonie navre tous ses discours, sur lesquels l'ennui répand insensiblement son voile? C'est qu'au fond, il est plus rhéteur qu'orateur, plus descriptif que démonstratif, plus prolixe que clair, plus incisif que concluant, plus âpre que chaleureux, plus opiniâtre que convaincu; l'intérêt, au lieu d'aller croissant dans ses discours, s'endort, se ranime et languit; il finit par briser tout à fait l'attention à force de la disséminer, et il laisse une impression de lassitude plutôt que de satisfaction quand il a terminé ses harangues. Il n'a pas le don de narrer, ce talent qui, chez l'écrivain comme chez l'orateur, se place au premier rang, parce qu'il se compose à lui seul des qualités les plus précieuses : ainsi sa mé-

---

(1) Un trait oublié ici, cependant, et qui montre la sensibilité de son âme, c'est le charme infini, la délicatesse exquise avec laquelle il peint certaines nuances de sentiment. C'est le poète de l'élégie et de l'idylle quand il parle des faiblesses du cœur.

thode est faible, il expose imparfaitement, il ne coupe pas bien les parties de son discours, il n'observe pas les pauses, chose si importante pour soulager et soutenir le récit; Laërte est trop comédien, il ne l'est pas assez. Il n'a pas l'art de *mettre en scène* ce qu'il dit, il manque de geste, et son visage durement réfractaire lui refuse tout jeu de physionomie.

VI

Gorgias apporte à la tribune les qualités et les défauts qui le distinguent au barreau; mais il sait plier son langage aux formes de la discussion politique; les ornements superflus disparaissent de ses discours; moins fleuri, il est plus nerveux, plus concis. On voit que ce n'est pas sans profit qu'il a lu et copié mainte fois Thucydide, son contemporain, dont le mâle génie sera toujours le modèle des orateurs et des hommes d'État; il lui est resté quelque chose de la forme sévère de ce grand historien; mais il ne sait pas éviter la sécheresse, il divise ses discours en trop de points et son argumentation rappelle trop la méthode du barreau.

Comme on sait qu'il ne monte à la tribune que pour diriger des attaques contre ceux qui mènent la république, un vif mouvement de curiosité se manifeste toujours parmi la foule quand le héraut public annonce à haute voix qu'il va parler ; mais il ne se fait jamais écouter avec autant de plaisir que Lysias dans ses spirituelles diatribes contre l'*archonte-roi*, à propos des embellissements d'Athènes ; il n'a pas la souplesse de ce dernier pour dire des choses désagréables ; aussi l'âpreté de ses agressions excite souvent des rumeurs au milieu du peuple, dont il ne saisit pas toujours les dispositions du moment, tact indispensable à quiconque veut acquérir du crédit dans les assemblées. Du reste, son opinion paraît n'influer que très-légèrement sur le sort des délibérations publiques; c'est que l'on se défie de son jugement; le fait est qu'il est en général assez médiocrement inspiré quand il ouvre un avis : soit qu'il parle sur les impôts ou sur les colonies, soit qu'il blâme l'expédition d'un généralissime comme dans la dernière guerre contre les Étoliens, il est rare qu'il présente une solution utile, un

moyen pratiquable : Lycophron, qui se pique
d'être un homme pratique, lui dit un jour
qu'il *savait mieux arranger les phrases que
les affaires.*

VII

Gorgias est ambitieux, on le reconnaît malgré
lui à ses formes altières, au soin qu'il prend
d'éviter le contact de la familiarité, à la distance
calculée qu'il observe même avec ses égaux.
Solon disait, de son temps, qu'il y avait dans
la république des hommes qui consentiraient à
se laisser écorcher vifs à la condition d'exercer,
ne fût-ce qu'un seul jour, la plénitude du pouvoir ; c'est que le pouvoir a d'irrésistibles fascinations. Mettre la main sur les hommes, imprimer sur eux sa volonté, commander, être obéi,
n'est-ce pas, en effet, le plus magnifique attribut de la dignité humaine et le seul prix de
leurs travaux que puissent envier les âmes
fortes ?

Mais Gorgias est-il né homme d'État ? a-t-il

le sens politique? quel est au juste le tempérament de ses idées? On ne sait pas bien : quoi qu'il en soit sa hauteur lui sert, parce qu'elle est un signe de force et que le peuple aime à voir qu'on porte fièrement son drapeau. Aristophane l'appelle *un démocrate qui a l'air de sortir de la cuisse de Jupiter.*

Il y a dans son caractère des contrastes étranges : cet homme qui paraît si haut, si ferme, si compacte, a des inconsistances qui étonnent : il a des engouements inexplicables ; il se prévient tout à coup pour des hommes, pour des idées ou pour des choses qui ne semblent pas mériter son attention. On le circonvient aisément ; son imagination l'attire vers tout ce qui brille. Ses ennemis politiques lui feraient facilement faire des fautes. Il a dans le caractère quelque chose de généreux et de chevaleresque dont tout le monde s'aperçoit ; mais ce que l'on croirait moins aisément, c'est qu'il est facile et débonnaire quand on est parvenu à rompre la glace dont il est comme enveloppé.

Gorgias est grand, il a une robuste poitrine et un aspect viril ; sa chevelure, habituellement inculte, comme sa mise, retombe mal peignée sur sa nuque et sur son front ; son menton, couvert de poils gris s'avance fortement ; toute l'expression de son visage est dans sa lèvre inférieure, dont le caractère hautain est frappant; on ne voit pas bien ses yeux, dont le regard dur et pénétrant se cache sous des voûtes profondes; sa figure sans mobilité est comme un masque pétrifié ; droit et d'aplomb, son abord a quelque chose d'inaccessible. — Il est riche (1).

Paris, le 29 juin 1862.

(1) Mais désintéressé.

M. DUFAURE [1]

I

S'il est un homme qui contraste avec son époque, c'est assurément M. Dufaure; il n'a gâté sa vie politique par aucune faute capitale; il a apporté aux affaires l'amour du bien public; il n'a point changé avec les événements; il n'a point fait servir le journalisme à ses intérêts et à ses passions. La célébrité, il l'a acquise sans bruit et presque sans la chercher; quoiqu'ambitieux il ne s'est point jeté sur le pouvoir; il a

---

[1] Nous avions d'abord l'intention de traiter ce portrait à la façon de *Gorgias*, sous le nom d'*Aristide*. Le sujet eût été assez piquant.

su le prendre quand il est venu à lui et le repousser quand il l'a cru incompatible avec sa religion ; dévoué au progrès, il a toujours repoussé les utopies avec horreur et il a su les combattre quand les plus fermes esprits s'abandonnaient à leurs entraînements. Revêtu d'une grande importance à un âge où la plupart des hommes ne commencent qu'à naître à la vie publique, il ne s'est jamais donné la peine de ramasser les titres et les distinctions qui sont comme la menue monnaie des hautes fonctions.

Chose surprenante! il a passé trois fois aux affaires sous trois gouvernements différents et il ne s'est point usé, et il est encore debout quand tous les hommes de son temps sont déjà couchés dans la poussière de l'histoire.

L'intégrité a été le premier secret de sa force; en prenant un soin jaloux de sa réputatation et en ne demandant rien à la popularité, il a rendu son souvenir tout-puissant dans la mémoire des gens de bien.

II

La plupart des hommes ont des tâtonnements, des incertitudes cruelles au début de leur carrière; une partie de leur jeunesse se perd dans la dissipation ou s'use dans l'adversité; un hasard heureux les pousse, quelquefois les sauve, quand ils sont sur le penchant de l'abîme; mais quand enfin ils arrivent, ce n'est qu'après avoir longtemps attendu, longtemps souffert et triomphé une à une de toutes les difficultés, trop heureux quand, après tant d'efforts, ils parviennent à s'arracher du néant.

Il n'y eut rien de tout cela dans la vie de M. Dufaure; il n'eut pour ainsi dire pas de jeunesse, et il acquit si rapidement de l'importance que sa fortune politique semble n'avoir pas eu d'origine.

Ce que l'on sait (1), c'est qu'il fit ses études de

---

(1) M. Dufaure a été assez heureux pour n'avoir pas eu, jusqu'à présent, de biographe.

droit à Paris, où il eut, entre autres condisciples, MM. Chaix-d'Est-Ange et Vivien, puis il alla se faire inscrire au barreau de Bordeaux. Il avait à peine trente-deux ans et ne comptait pas encore dix années de tableau lorsqu'il fut élevé, par le choix unanime de ses confrères, au poste de bâtonnier ; c'est peut-être l'unique exemple d'une élection faite dans des conditions semblables. Quelles garanties exceptionnelles n'avait pas, dès cette époque, dû montrer M. Dufaure pour que, dans un barreau aussi important que celui de Bordeaux on eût dérogé en sa faveur à toutes les traditions et que, pour remplir une telle fonction, il eût eut été préféré à des hommes d'un âge mûr ? Nul doute que dès lors il n'eût fait apprécier en lui cet amour exemplaire du travail, cette sûreté de caractère, cet étroit attachement à ses devoirs, qui gagnent d'autant plus vite la confiance que ces qualités deviennent plus rares tous les jours.

Mais les électeurs de son arrondissement n'avaient garde de se priver des lumières d'un tel homme, et en 1834 ils l'envoyaient siéger à la Chambre. M. Dufaure savait depuis longtemps que la vie politique le réclamerait ; il y était préparé, et ce qui l'indique, c'est qu'il quitta immédiatement le barreau pour se vouer exclusivement à ses nouvelles fonctions; c'était à la tribune qu'il lui tardait de mesurer ses forces, car c'est là qu'éclate le triomphe de la parole. Quoi de magnifique en effet comme de parler à toute l'assemblée d'un grand pays, presque devant l'Europe qui écoute! Mais pris de ce point de vue, la tribune ne serait qu'un objet de vaine gloire, et M. Dufaure avait plutôt des appétits de pouvoir que des enthousiasmes : ardemment porté vers l'action sous une apparence flegmatique qui sert merveilleusement bien l'ambition, il aspirait à jouer un des premiers rôles à la chambre.

Il devait y réussir.

III

Mais il faut remarquer avec quel art il procède à ses débuts, comme il s'achemine par degrés, tout en marchant avec une rapidité surprenante; il se fait d'abord écouter dans les bureaux et y établit son influence; puis il monte à la tribune, sobre d'abord, ne touchant aux questions que par un mot, mais y touchant d'une manière décisive, si bien que tout de suite les regards se portent vers lui et qu'on s'habitue à le regarder comme l'orateur des solutions ; puis après il s'étend, il s'accroît, il domine dans toutes les questions ; sa prépondérance est établie avant qu'on ait eu le temps de se rendre compte de ses progrès.

Comment donc était-il arrivé là ? Par un labeur opiniâtre, assidu, comme celui de ces insectes qui percent les rocs avec des crocs invisibles, mais toujours en action. Cette inconcevable puissance de travail qui caractérise M. Dufaure semble n'appartenir qu'à ces hommes venus des champs, qu'à ces têtes rustiques à la façon de M. Dupin.

Il étudiait toutes les questions, quelles qu'elles fussent : questions de finances, questions de budget, d'impôts, de travaux publics, questions d'intérêt général ou local, les plus grandes, les plus petites, les plus ardues, les plus techniques ; rien n'était trop sec ou rebutant pour lui. C'est le plus prodigieux homme d'affaires qui se soit peut-être rencontré jamais.

Les assemblées politiques ne savent rien refuser à d'aussi indomptables travailleurs, trop heureuses de pouvoir se décharger sur eux d'une partie de leur responsabilité ; aussi toute la besogne de la Chambre ne tarda-t-elle pas à tomber entre les mains de M. Dufaure. On peut dire qu'il fut le rédacteur de presque toutes les lois importantes qui signalèrent cette période de législation dont les œuvres furent toutes si fortement mûries, tant par le travail des bureaux que par les discussions publiques.

Comment, parmi tant de projets de loi importants dont il fut rapporteur, ne pas rappeler en passant, les projets de loi *sur les tribunaux de première instance, sur les patentes, sur l'instruction secondaire, sur l'achèvement des canaux, sur les faillites et banqueroutes, sur l'expropriation pour cause d'utilité publique, sur les chemins de fer :* à cette occasion, la grandeur de ses services, fut si universellement appréciée, qu'une médaille commémorative fut frappée en son honneur, sorte de récompense civique digne d'un caractère comme le sien.

En même temps qu'il participait ainsi à la collaboration de presque toutes les lois, on le voyait à tout instant monter à la tribune pour se mêler à la discussion des affaires générales, parlant sur les questions de politique intérieure ou extérieure, sur les amendements, sur les adresses, toujours prêt à toute heure sur toutes les matières. On ne peut consulter dans une sorte d'effroi au *Moniteur* le dossier qui le concerne, et l'esprit se fatiguerait en s'appesantissant un instant de plus sur l'essor d'une telle activité.

Jusqu'en 1848 l'arrondissement de Saintes, auquel il appartenait, n'avait pas cessé de le réélire, et dans cet intervalle il avait été successivement élevé aux plus hautes fonctions : conseiller d'État sous le ministère Thiers du 22 février, ministre des travaux publics après l'émeute du 12 mai, deux fois vice-président de la Chambre, sous toutes les formes déjà il avait manié l'administration et le pouvoir.

IV

M. Dufaure n'est pas seulement un grand homme d'affaires, c'est incontestablement un orateur de premier ordre; il figurait avec éclat dans cette pléiade illustre qui comptait des hommes tels que les Mauguin, les Odilon Barrot, les Thiers, les Guizot et tant d'autres élévés à la belle école de 1830 ; nous n'avons point vu M. Dufaure à la tribune et nous ne savons point comment il y était, mais ses discours sont frappés à un coin qui les ferait reconnaître entre mille.

Quand on cherche des comparaisons parmi les grandes figures du temps passé pour caractériser les hommes modernes, on court le risque de les écraser, parce que l'autorité des siècles est plus imposante encore que celle des noms. Cependant s'il est à notre époque un orateur qui rappelle, ne fût-ce que de loin, les grands modèles de l'antiquité, il semble que ce soit M. Dufaure. Après l'avoir lu on se rappelle involontairement la manière sobre, serrée, rapide de Démosthènes, courant au fait, au but, tout nourri de raisonnements, n'empruntant rien à l'éclat des images, mais trouvant toujours les expressions les plus justes et les plus fortes : il y a de tout cela dans M. Dufaure ; il ne parle pas pour éblouir, mais pour persuader, pour réfuter, pour convaincre, n'abandonnant jamais la solution qu'il a proposée, assiégeant la tribune, revenant à la charge avec de nouveaux arguments jusqu'à ce qu'il ait fait prévaloir son avis, emporté une décision et fait pénétrer ses idées dans l'esprit de ceux qui l'écoutent.

N'est-ce pas là le véritable orateur politique ; et combien ne diffère-t-il pas de ceux qui ne voient dans les grandes questions qu'un thême à de brillants discours, et se retirent sous leurs lauriers, quand ils les ont faits, sans se préoccuper autrement de la suite des idées pour lesquelles ils ont combattu ?

V

M. Dufaure est la clarté même ; il a par excellence l'art de débrouiller les questions les plus compliquées, les plus chargées de matières indigestes, classant, divisant, simplifiant, jusqu'à ce qu'il amène à toucher du doigt les résultats matériels, ou fasse apparaître les idées sous leur forme la plus sensible ; il paraît procéder à cet égard d'une manière aussi simple que forte ; il pose de suite sa thèse d'une manière générale, puis il la développe ensuite dans tous les sens, étendant toujours davantage le rayonnement extérieur de ses démonstrations, agissant à la manière de ces foyers pyrotechniques, qui deviennent de plus en plus lumineux en s'agrandissant et en se rapprochant, jusqu'à ce que l'œil ne puisse plus supporter leur éclat.

M. Dufaure possède à la tribune toutes les qualités indispensables à un chef de parlement; il a l'à-propos soudain, la réplique immédiate, un aplomb imperturbable. Quand on l'interrompt il répond de suite à l'interrupteur quel qu'il soit, et réduit vigoureusement l'objection avant de reprendre son discours, sorte de tour de force que connaissent tous les grands polémistes, mais qui fait toujours beaucoup d'effet dans les assemblées et ranime vivement l'attention.

Non moins redoutable que M. Guizot dans sa réplique, il avait de plus que lui, à la Chambre, l'art d'éviter de se faire des ennemis personnels de ceux qu'il avait vaincus; il ne quittait pas la tribune qu'il n'eût guéri les blessures qu'il avait faites, rallié ses partisans et mis de son côté les hommes justes.

VI

Ce que l'on doit surtout admirer chez M. Dufaure, c'est la loyauté de son langage parlementaire, quand il était ministre, dédaignant toujours de mentir, s'expliquant catégoriquement sur toutes choses, répondant à toutes les interpellations, soutenant les attaques jusqu'à ce qu'elles fussent épuisées. Personne ne se mit jamais avec plus de bonne foi en face de la contradiction, et ne présenta plus noblement la poitrine à ses adversaires.

On se rappelle avec quelle injustice fut attaqué dans le temps ce ministère du 12 mai, dont il faisait partie, et qui n'avait pas hésité à se charger du pouvoir au jour du danger. M. d'Althon-Sée avait qualifié le ministère d'insuffisant. Ce mot était resté sur le cœur de M. Dufaure, qui ne put s'empêcher de monter à la tribune pour répondre au nom de ses collègues aux détracteurs du cabinet :

« Qu'avez-vous à dire contre cette admi-

» nistration que nous mettons sous vos yeux,
» leur dit-il, contre ce gouvernement du 8 mai
» dont nous ne cachons aucun détail et sur
» lequel nous appelons les investigations com-
» plètes, sérieuses, consciencieuses des deux
» Chambres? Montrez nos actes, je pourrai vous
» répondre alors; mais, au nom du ciel, quand
» vous montez à cette tribune, quand vous
» venez au milieu d'un des pouvoirs de l'État
» adresser au ministère de pareilles accusations,
» caractérisez vos accusations; c'est un devoir
» pour vous, car c'est un droit pour nous de
» nous défendre. Vous dites que nous sommes
» insuffisants à couvrir la couronne; mais en
» quoi? Déclarez-le. Je vous somme de monter
» à la tribune pour le dire. »

Qui ne sent dans ces paroles les accents convaincus d'un homme de bien douloureusement affecté de l'injustice?

On ne reprocha jamais à M. Dufaure d'insulter les causes vaincues. Il savait respecter ses ennemis quand ils étaient tombés. Quelques années auparavant, lors de la chute du ministère Molé dont il avait été l'un des plus ardents adversaires, il avait été nommé rapporteur du projet d'adresse, au renouvellement de la législature, et on lui demandait des paroles sévères contre les tendances de la dernière Chambre. Il repoussa cette demande par ces loyales et nobles paroles :

« Je le répète, le projet d'adresse a été rédigé
» dans cette pensée unanime de n'adresser au
» passé ni un éloge ni un blâme... Faut-il que
» la Chambre nouvelle entre dans les divisions
» du passé? Faut-il qu'elle les soutienne,
» qu'elle les reproduise, qu'elle se condamne
» non-seulement à supporter le poids des divi-
» sions qui, pendant sept années, ont éclaté
» dans le sein des pouvoirs législatifs? Nous
» nous le sommes demandés, et l'avis unanime
» de la commission a été qu'il convenait à une
» Chambre nouvelle de ne pas prendre parti
» dans les affaires du passé et de n'avoir en vue
» que l'avenir. »

Ce n'était pas en lui non plus que s'incarnaient l'égoïsme et les étroites passions de la bourgeoisie. Ce n'était pas à lui que l'on pouvait reprocher de vouloir le maintien de la dynastie au prix de l'humiliation nationale; il eut toujours le cœur essentiellement français, et quand, en 1841, un ministère sans fierté laissait humilier entre ses mains le drapeau de la France, son patriotisme jettait les premiers cris d'alarme.

« La France ne peut pas rester constamment
» étrangère à ce qui se passe en Europe, di-
» sait-il à la Chambre, la France ne peut pas
» voir constamment à côté d'elle d'autres puis-
» sances disposant du sort des États, abaissant
» les unes, élevant les autres, changeant les
» alliances, brisant tout autour de nous et peut-
» être nous-mêmes sans y prendre part... »

Et après avoir indiqué une série de moyens à l'aide desquels la France pouvait ressaisir son influence, il ajoutait en terminant : « Voilà ce
» que lui commandent son honneur et sa di-
» gnité... Nous devons avoir un gouvernement
» qui pourvoie à ce double besoin, qui prépare
» le jour où la France pourra reprendre sa place
» dans les conseils de l'Europe.

VII

La capacité des affaires ne suffit pas à un homme d'État, il faut qu'il ait encore l'art de se conduire lui-même avec une grande prudence, qu'il sache ménager habilement ses forces, son influence et même ses services, de manière à se maintenir aux affaires ou à pouvoir y rentrer, car s'il commet des fautes personnelles, s'il gâte sa position, s'il compromet son caractère, s'il gaspille ses forces ou même s'il ne sait pas entretenir son prestige, il précipite sa chute, il ferme sa carrière et se met hors d'état de reparaître au pouvoir, quand bien même il serait seul capable à un moment donné de rendre à son pays les plus grands services.

Cet art de se conduire est une condition si essentielle de la vie politique que, pour n'avoir pas su l'observer on a vu tomber pour jamais du pouvoir les hommes doués des plus rares talents, et les hommes les plus médiocres s'y maintenir en se conformant avec soin aux indications de la prudence.

Dans ce genre d'habileté il n'est pas un homme d'État contemporain qui puisse entrer en parallèle avec M. Dufaure, et il faudrait remonter jusqu'à Ximenès ou à Sixte-Quint pour en trouver un qui l'ait surpassé (1).

(1) Nous aurions retranché ce paragraphe, comme beaucoup trop hyperbolique, sans la transition qu'il ménage, et que nous n'avons pas eu le temps de recomposer. C'est avant tout par la circonspection que M. Dufaure s'est fait remarquer. Il a toujours eu l'art de s'abstenir en temps opportun.

Mais qu'étaient alors les difficultés de la vie politique quand on les compare à celles de nos jours ?

Au temps des Sully, des Richelieu, des Mazarin, un ministre, pour se maintenir au pouvoir, n'avait besoin que de conserver la faveur de son maître, tout au plus avait-il à redouter quelques intrigues de cour qu'il est toujours assez facile de déjouer quand on est tout-puissant. Les actes de son administration n'étaient point livrés chaque jour à la publicité et à la discussion, il n'avait point chaque jour à en répondre et à les défendre par la parole devant des assemblées politiques. Enfin il n'était point obligé de vivre face à face avec la presse qui joue un rôle nécessaire dans les institutions modernes, mais qui dissout avec une activité dévorante ceux qui se mêlent de gouverner.

C'est au milieu de ces écueils de la vie parlementaire qu'un homme d'État doit aujourd'hui se diriger ; il n'en est point de si fort, ni de si habile, qui ne soit à ce jeu bientôt usé jusqu'à la corde. C'est à ce point que, parmi tous ceux qui ont eu le maniement des affaires en France sous les gouvernements précédents, il n'en est peut-être pas un que l'opinion publique soutiendrait aujourd'hui une minute au pouvoir.

Tous se sont rendus impossibles, tous sont morts avant d'être descendus dans le tombeau.

Il n'en est peut-être qu'un seul qui n'ait pas été réduit en poudre par l'action solaire du pouvoir, c'est M. Dufaure (1).

On ne connaît que lui qui ait pu accomplir le tour de force de passer trois fois aux affaires sous trois gouvernements différents sans s'annihiler. Avoir pu conserver son prestige dans un pays où les esprits sont aussi mobiles qu'en France, et où l'on se dégoûte si vite et si absolument de tous les hommes publics, n'est-ce pas là l'indice d'une force morale supérieure, et qu'elle science du temps et des hommes cela ne suppose-t-il pas? La ligne de conduite que M. Dufaure a tenue pendant le cours de sa carrière politique peut passer à bon droit pour un chef-d'œuvre d'habileté.

---

(1) Espérons qu'il y en a d'autres encore et que les hommes des anciens gouvernements qui se disposent à reparaître dans la Chambre des Députés, au renouvellement de la législature, y apporteront quelque virilité et feront honneur à leur passé. La France a bien besoin d'hommes.

VIII

Dès ses premiers pas dans la vie publique, M. Dufaure sut montrer ce savoir-faire qui le distingue si éminemment. Arrivé à la Chambre sous le patronage de M. Thiers qui l'avait nommé conseiller d'État en 1836, il prit grand soin de ne pas se confondre avec lui, et, pour accuser son individualité personnelle, il le combattait de temps en temps à la tribune, quoiqu'avec beaucoup de modération, saisissant à propos l'occasion de faire sentir la nuance politique qui les séparait.

Le ministère Thiers du 22 février tombe et fait place au ministère Molé. M. Dufaure ne garde pas un instant de plus sa position de conseiller d'État, quoique, appartenant alors à l'administration, il eût pu ne pas se préoccuper d'un changement de ministère. Mais M. Dufaure avait plus d'une raison pour en agir ainsi : on savait qu'il haïssait M. Molé. Austère dans ses scrupules, il ne voulait pas même que l'on pût lui reprocher d'avoir gardé une fonction sous un ministre qu'il avait combattu ; il montrait par là que rien n'enchaînait sa liberté et que l'intérêt personnel n'aurait jamais de prise sur sa conduite.

Le 12 mai, le complot de Barbès répand l'alarme dans toute la France et fait sentir la fragilité des fondements de la royauté. On a besoin d'un ministère de dévouement, M. Dufaure se présente avec le maréchal Soult pour traverser la crise ; il apprenait ainsi à la France à compter sur lui au jour du danger.

Le 20 octobre, M. Guizot est chargé de former un cabinet. M. Dufaure refuse d'y entrer quoique plusieurs de ses anciens collègues n'eussent pas hésité à en faire partie ; mais M. Dufaure entendait se séparer de M. Guizot comme il s'était séparé de M. Thiers et de M. Molé ; il avait d'ailleurs trop grandi depuis quelques années pour entrer dans une combinaison ministérielle à côté d'un homme aussi absorbant que M. Guizot. Dès cette époque il pouvait prétendre à la présidence d'un conseil et il n'avait garde, en homme habile qu'il était, d'accepter un poste inférieur à l'importance qu'il avait acquise.

Depuis longtemps déjà il se formait autour

de lui un tiers-parti qui allait se grossissant toujours au sein de la Chambre, de ceux qui abandonnaient la fortune des *triumvirs* (1). Son crédit croissait de jour en jour, et tout le monde voyait en lui le ministre du lendemain lorsqu'éclata la révolution de Février, cette incomparable folie que la France paya si cher.

Il est permis de croire que cet événement à jamais déplorable contraria singulièrement les vues de M. Dufaure, qui allait recueillir les fruits de sa patiente ambition en saisissant enfin les rênes de la monarchie de Juillet. Il l'eût sauvée peut-être si Louis-Philippe se fût avisé à temps de remettre le pouvoir à cet esprit ferme et sage doublé d'une conscience si honnête.

M. Dufaure vit venir l'orage qui allait fondre sur le trône et dut prévoir sa chute. Cependant il ne s'associa point à l'entraînement de ceux qui l'ébranlaient comme de mauvais citoyens ou des hommes irréfléchis; si quelqu'un avait pu cependant se livrer à ces tristes écarts, c'était lui, car il n'avait point accepté de faveurs du gouvernement de Louis-Philippe. Il n'était ni pair ni grand cordon; le roi ne l'aimait pas et cependant il l'avait toujours fidèlement servi.

(1) MM. Thiers, Guizot, Odilon-Barrot.

Il s'abstint sévèrement de l'agitation réformiste ; il s'en abstint, lui seul, en qualifiant les banquets d'inconstitutionnels, et l'on connaît les rudes paroles qu'il fit entendre à cette occasion : il rentrait à la Chambre au moment où MM. Odilon-Barrot et autres déposaient un acte d'accusation contre les ministres. Cette conduite souleva son indignation ; en regagnant sa place il ne put s'empêcher de dire à haute voix : « C'est en laissant faire le banquet que » les ministres auraient mérité d'être mis en » accusation. »

IX

C'était le cri du bon sens outragé qui lui échappait ainsi ; du bon sens, car c'est surtout là ce qui caractérise son excellent esprit politique ; quand toutes les têtes étaient égarées pendant la période socialiste du gouvernement républicain, quand on croyait à la régénération des peuples, à la chute de toutes les tyrannies, quand on écrivait *liberté, égalité, fraternité* sur le fronton des édifices, lui seul conservait quelque sang-froid au milieu de ce délire de tout un peuple, jouet de tant d'erreurs politiques.

Nommé rapporteur de la commission de Constitution, c'est lui qui combattit avec tant d'énergie dans la Chambre et dans les bureaux l'idée inouïe d'inscrire dans la Constitution la reconnaissance du droit au travail : cette conception folle venait en partie de M. Louis Blanc qui avait fondé un journal intitulé le *Bon Sens!* de M. Louis Blanc qui, dans son *Histoire de Dix Ans*, s'arroge le droit de juger avec la hauteur d'un Titan les hommes et les choses de son époque, sans s'apercevoir qu'il est à tout instant lui-même le jouet des plus honteuses erreurs.

Cependant l'idée du droit au travail avait fait fortune et même elle était partagée par un très-grand orateur du gouvernement actuel (1); mais dans un mot comme celui-là, M. Dufaure voyait le principe le plus activement destructeur qui ait jamais été formulé. Qui ne se rappelle l'admirable discours qu'il prononça à cette oc-

(1) M. Billault.

casion : jamais peut-être il ne s'était élevé si haut dans un aussi beau langage.

« Quoi ! s'écriait-il dans cette séance solen-
» nelle, au lieu du devoir (songez à ce que ce
» mot a de sacré), au lieu du devoir que la
» société impose vous voulez donner à l'indi-
» gent valide, un droit que l'on appelle droit
» au travail ! Que signifie ce mot qui n'a jamais
» été écrit nulle part ? Puisque vous nous pro-
» posez de l'inscrire dans notre Constitution,
» veuillez nous en dire au juste le sens et la
» portée ; cela est nécessaire avant de l'inscrire :
» que signifie-t-il ? »

M. Dufaure l'emporta : ce mot odieux fut rayé de la Constitution,

Il y a quelque chose qui serre l'âme et qui fait douloureusement douter de l'avenir dans toutes ces aberrations conçues de bonne foi, dans ces ivresses, dans ces exaltations qui s'évanouissent tout à coup pour laisser voir un si dur néant ; M. Dufaure paraît avoir partagé quelques-unes des illusions de la République ; qui ne les partageait alors ?

C'est lui qui fit prévaloir l'idée de placer un préambule en tête de la Constitution de 1848, et c'est lui-même, si nous ne nous trompons, qui l'a rédigé en entier. Ce document est encore tout pénétré de l'attendrissement républicain qui circulait alors dans les âmes; il est encore comme empreint d'une sorte de moiteur.

M. Dufaure était-il donc de ceux qui ignorent que la morale de l'Évangile est bannie quand on ose faire de ses préceptes l'objet de dispositions législatives (1)? Non sans doute : dans la pensée

---

(1) Sur la manie des constitutions et leur impuissance à rien fonder, comment ne pas se rappeler ces passages inspirés d'un écrivain dont la voix prophétique s'est fait entendre au commencement du siècle, avec une incomparable autorité :

« Une des plus grandes erreurs d'un siècle, qui les professa toutes, fut de croire qu'une constitution politique pouvait être écrite et créée *a priori*. » (P. 1.)

« Aucune constitution ne résulte d'une délibération : les droits du peuple ne sont jamais écrits ou ils ne le sont que comme de simples déclarations de droits antérieurs non écrits. » (P. VII, préface.)

« ..... On ne conçoit pas comment un homme sensé peut rêver la possibilité d'une pareille chimère. Si l'on s'avisait de faire une loi en Angleterre pour donner une existence constitutionnelle au conseil privé, et pour régler ensuite et circonscrire ses priviléges et ses attributions avec les précautions nécessaires pour limiter son influence et l'empêcher d'en abuser, on renverserait l'Etat. » (P. 8 et 9.)

« ..... Le XVIII siècle, qui ne s'est douté de rien, n'a douté de rien, c'est la règle, et je ne crois pas quil ait produit un seul jouvenceau de quelque talent qui n'ait fait trois choses au sortir du collége, une *néopédie*, une constitution et un monde..... » (P. 10.)

« Considérons maintenant une constitution politique

de son auteur, ce préambule avait un autre objet, c'était de raffermir les principes constitutifs ébranlés par la révolution, de rassurer la France sur les conséquences qu'elle pouvait entraîner, de réagir contre les doctrines mortelles du socialisme : c'est ainsi que cette Constitution s'inclinait devant l'autorité de la religion en reconnaissant « des droits et des devoirs anté-

quelconque, celle de l'Angleterre par exemple. Certainement, elle n'a pas été faite *a priori*. Jamais des hommes d'État ne se sont assemblés et n'ont dit : *Créons trois pouvoirs, balançons-les de telle manière, etc.* Personne n'y a pensé. La constitution est l'ouvrage des circonstances, et le nombre de ces circonstances est infini..... » (P. 15.)

« .... La plus grande folie peut-être du siècle des folies, fut de croire que les lois fondamentales pouvaient être écrites *a priori*, tandis qu'elles sont évidemment l'ouvrage d'une force supérieure à l'homme, et que l'écriture, même très-postérieure, est pour elles le plus grand signe de nullité. » (P. 25.)

Puis, Joseph de Maistre cite Platon :

« ..... Quant à celui qui entreprend d'écrire des lois ou constitutions civiles, et qui se figure que, parce qu'il les a écrites, il a pu leur donner l'évidence et la stabilité convenables, quel que puisse être cet homme, particulier ou législateur, et soit qu'on le dise ou qu'on ne le dise pas, il s'est déshonoré ; car il a prouvé par là qu'il ignore également ce que c'est que l'inspiration et le délire, le juste et l'injuste, le bien et le mal. Or, cette ignorance est une ignominie, quand même la masse entière du vulgaire applaudirait. » (P. 27.)

Joseph de Maistre, *Essai sur le principe générateur des Constitutions et autres institutions humaines.* Lyon, 1833.

rieurs et supérieurs aux lois positives, » rédaction assez ambiguë, mais enfin qui ne pouvait avoir d'autre sens que celui-là ; — qu'elle déclarait que la République avait pour base « le travail, la famille, l'ordre public » : — qu'enfin elle repoussait pour l'État la charge du paupérisme, en avertissant les individus qu'ils devaient s'assurer par le travail « des moyens d'existence et de ressources pour l'avenir » ; — le reste n'était que des promesses impuissantes rédigées dans un beau style.

X

Pendant cette seconde période de sa vie politique qui va jusqu'en 1850, M. Dufaure fut appelé deux fois au ministère de l'intérieur : après les journées de juin par M. Cavaignac, après l'élection présidentielle par le prince Louis-Napoléon qui avait su apprécier immédiatement la valeur d'un tel homme. Il fut là ce qu'il avait été toujours, constant avec lui-même ; il y avait longtemps qu'il avait déclaré « que sa prétention était de pratiquer au pouvoir les idées qu'il avait eues dans l'opposition ; » qui lui reprochera d'avoir soutenu avec fermeté quelques lois de rigueur dans les circonstances critiques où le pays était alors engagé ? Il voulait le maintien de la Constitution, on le savait. Longtemps avant le coup d'État du 2 décembre, le prince Louis-Napoléon l'avait renvoyé avec ses collègues. Après ce dernier événement M. Dufaure n'avait plus rien à démêler avec la politique, il se retira de l'arène sans une seule souillure.

On a souvent attribué à M. Dufaure une prédilection pour la branche cadette : c'est possible ; mais dans un pays bouleversé par autant de révolutions, il n'eut peut-être jamais d'attachement exclusif ; il chercha toujours de bonne foi ce qui pouvait être le plus utile aux intérêts de la France, et servit tous les gouvernements sans jamais accepter leur servitude ; avant tout il est essentiellement libéral, et il était conservateur dans un temps où l'on pouvait l'être.

Nous avons parlé de l'habileté de M. Dufaure : il ne fut peut-être si habile que parce qu'il resta constamment honnête. En y regardant mieux, on voit que le calcul est absent de tous les actes de sa vie politique dans lesquels sa dignité était intéressée. Ainsi il ne rampa jamais devant le peuple, il ne le flatta jamais, il n'épargnait même pas, quand il le fallait, de dures vérités à son pays ; il ne sacrifia jamais aucun devoir à son ambition, et tous les partis se sont découverts devant son intégrité : l'âme saturée des dégoûts de ce siècle se repose un peu quand on parcourt la vie d'un tel homme.

XI

M. Dufaure avait quitté le barreau pendant vingt ans pour se consacrer exclusivement aux affaires publiques ; il y est rentré en 1852, et c'est tout naturellement à Paris qu'il est venu porter le siége de ses vastes lumières. Quelle était donc la vigueur de cet homme pour qu'après trente ans de luttes politiques il ait pu retrouver dans l'exercice de cette profession toutes les forces de sa jeunesse ? Pareil à ces hommes de l'antiquité qui retournaient aux champs après avoir été les premiers dans la république, il est là, voué aux intérêts de ses clients, ne perdant pas une heure de sa vie, à un âge où les hommes s'enfoncent dans le sommeil avant de descendre dans la tombe. Mais la profession d'avocat ne suffit-elle pas à remplir toute une existence? En est-il une qui donne des jouissances plus pures? On peut se passer de toute ambition quand on a le bonheur de briller dans cette noble carrière.

A peine installé au barreau de Paris, M. Dufaure a vu affluer dans son cabinet les plus hautes affaires : c'était le résultat inévitable de l'immense considération qu'il s'était acquise pendant le cours de sa longue carrière politique; on ne pourrait rappeler la prodigieuse quantité de procès dans lesquels il a plaidé, sans réveiller les plus grands souvenirs judiciaires de ces dernières années. L'affaire *Pescatore*, l'affaire *Michel*, celle du *duc d'Aumale*, de M. *de Montalembert*, en dernier lieu celle du *marquis de Flers*, ne sont qu'une faible partie de toutes celles qui lui ont été confiées au nom des plus grands intérêts publics et privés de cette époque.

Au barreau, comme autrefois à la Chambre, M. Dufaure se fait remarquer par l'inimitable netteté avec laquelle les faits, les chiffres, les dates, les matières les plus contentieuses arrivent à s'éclaircir entre ses mains ; par l'entente universelle, et pour ainsi dire pratique, qu'il a de toutes les affaires. Quelle autorité ne doit pas avoir en effet au barreau un homme qui a manié si laborieusement pendant sa vie politique les plus grands comme les plus petits intérêts de l'État? Jamais les moyens palpables d'un procès ne lui échappent ; à l'audience, il a cette fermeté contenue qui impose l'attention comme une nécessité.

Ce n'est pas que M. Dufaure soit parfait comme orateur, nous imaginons même qu'il devait beaucoup gagner à être entendu à la tribune ; son style est souvent terne, il n'a aucun agrément dans sa plaidoirie, dont le mouvement ne s'anime que quand il touche au point culminant des questions qu'il traite ; il a un accent monotone et nazillard, son aspect extérieur ne s'allume jamais ; la forte vie de son âme ne se répand point à l'extérieur.

XII

Les gens qui ont affaire au palais peuvent voir tous les jours M. Dufaure, soit à une Chambre, soit à une autre, portant de lourds dossiers sous son bras, tantôt confondu parmi ses confrères avant l'arrivée du tribunal, tantôt assis sur un banc et rapprochant de ses yeux myopes quelque pièce de procédure. Il arrive à l'appel des causes comme le plus modeste et le plus assidu des avocats, et, certes, celui qui le verrait pour la première fois ne reconnaîtrait guère dans son insignifiante tournure ce même homme qui semble appelé à être le Monck de la monarchie de Juillet.

Sa figure placide est sans aucun relief; la coupe de sa tête blanchie vue par derrière est le seul indice de sa forte capacité; sa peau, de couleur tannée et légèrement flasque au bas des joues, dénote une rare vigueur de tempérament; son regard, sans aucune expression précise, se tourne avec une bienveillance vague sur tout le monde ; un fort pois chiche est attaché au coin de sa bouche qui s'avance en formant des plis nombreux, comme une bourse dont on viendrait de serrer les cordons.

Quand on essaie de dépeindre quelqu'un, il faut toujours lui restituer autant que possible le cachet de son individualité ; il n'y a rien de niais comme ces portraits qui flattent la ressemblance extérieure des hommes parvenus à la célébrité.

A la ville on prendrait M. Dufaure pour un rustique bourgeois, quelque chose comme un homme de la campagne tenu avec une propreté extrême, mais antipathique à toute élégance. Il se jette sur une hanche en marchant et laisse aller ses longs bras dont les mains sont couleur de cuivre (1).

---

(1) Chacun ne voit pas les hommes de la même manière. A ce portrait, il n'est pas mauvais d'en opposer un autre dû à la plume d'un écrivain qui se cache habituellement sous un pseudonyme féminin :

« C'est un vieillard qui va la tête haute, léger d'allures et jeune de cœur. On dirait que si ses cheveux sont blancs, c'est qu'il les a poudrés et non qu'il a vieilli ; il est fort élégant, coquet de mise et de manières. C'est un fin causeur ; c'est un sage aimable. Sur son visage, resté franc et conservé rose, se jouent, entre deux sourires, des reflets de vive lumière et des éclairs de printemps.

Sa boutonnière étincelle par l'absence de toute décoration : cet homme qui a été ministre de trois gouvernements, qui a été en contact avec toutes les chancelleries de l'Europe n'a jamais voulu accepter ni croix, ni cordon, ni dignité (1); n'est-ce pas là le dernier cachet de cet homme si simple et si pur qui ne connaît de titres de noblesse que les services rendus à son pays ?

XIII

M. Dufaure, inscrit au barreau de Paris depuis 1852, vient d'accomplir depuis quelques mois à peine ses dix années de tableau; il semble que ce soit une coïncidence heureuse au moment où les élections vont avoir lieu pour le renouvellement du Conseil et la nomination

---

(1) Nous étions alors mal informé; il est bien certain que M. Dufaure est décoré d'une foule d'ordres, et notamment de celui de la Légion d'honneur; seulement il ne porte aucun cordon.

du bâtonnier qui doit remplacer l'orateur étincelant qui a représenté avec tant de dignité, depuis deux années, le barreau de Paris (1).

Les élections ne se sont peut-être jamais préparées sous l'empire de préoccupations plus vives; on voudrait voir se renouveler un Conseil qui n'a cessé de siéger avec infiniment de sagesse, mais dont quelques membres se sont peut-être perpétués plus longtemps que ne le comportent les intérêts communs et la pratique du système électif, cette arche sainte du barreau français; mais c'est dans les limites de la prudence la plus attentive que reste contenu cet effort d'élimination. Peut-il y avoir d'autre parti pour le barreau que de conserver à la tête de l'ordre toutes les illustrations qui s'y trouvaient déjà et d'y faire entrer celles qui y manquent encore? c'est à ce sentiment-là que l'ordre entier paraît répondre, car il ne s'agit en définitive que de représenter la plus grande somme de forces et de principes dans un corps qui a toujours été l'honneur de l'État et le plus fidèle gardien des libertés publiques.

Paris, 20 juillet 1862.

(1) Nul n'ignore que M. Dufaure a depuis été nommé bâtonnier. Ce travail a été fait au moment des élections, et, comme on le voit, il en porte la trace.

M. BERRYER

I

La popularité dont jouissent les hommes célèbres ne tient pas toujours à la supériorité de leur génie ou à la grandeur des services qu'ils ont rendus. On dirait que les peuples donnent une préférence dans leurs souvenirs à ceux en qui se personnifient les traits les plus saillants du caractère national. Chez un peuple généreux comme la France, la grandeur des qualités morales dans les hommes publics leur assurera toujours la popularité ; la France accepte facilement la domination, mais elle n'a de respect, elle n'a d'amour que pour les actions loyales et les caractères généreux.

Cette considération peut servir à expliquer la popularité qui s'est attachée dans notre pays au grand nom de Berryer comme orateur et comme homme public : ce nom s'élève dans le souvenir avec une majesté qui n'appartient qu'à lui seul. Tout a concouru à créer cette renommée imposante : la hauteur de caractère qui paraît en Berryer, sa fidélité inviolable à ses opinions, à son parti, *à ses dieux*, dans un temps qui restera célèbre par le scandale de ses apostasies et par son indifférence, ou même sa haine pour les principes.

Jamais il n'a été donné à aucun homme, en aucun temps, de jouer un rôle pareil à celui qui lui a été réservé au milieu de nos vicissitudes politiques : représenter en France une cause vaincue, et quelle cause ? celle de la *légitimité;* combattre pour elle, combattre seul au sein des assemblées publiques et des factions ; parler au nom des souvenirs, au nom des grandeurs de l'ancienne monarchie, au nom des principes les plus sacrés, les plus augustes : Quel rôle pour un plébéien ! quel triomphe pour un *bourgeois* que d'être le défenseur de l'aristocratie, le conseiller et l'ami des rois ! Il n'est pas jusqu'aux circonstances de sa vie privée qui n'aient contribué à l'environner de prestige : une vie somptueuse, des relations princières, l'amour des arts, des dissipations élégantes, la familiarité des grandes dames dont le parfum marque les hommes comme d'un cachet d'élection divine ; quelques aventures romanesques discrètement ébruitées, rien de tout cela ne fut étranger à sa renommée chez un peuple aux mœurs faciles, qui tient compte aux hommes célèbres de ne pas être des Catons et de partager les faiblesses communes. Il ne lui manqua rien pour couronner sa mission, pas même d'être persécuté pour la cause qu'il défendait (1) ; et M. Berryer avait trente-trois ans à peine quand il attirait ainsi les regards de la France, l'âge où l'âme déborde encore des passions de la jeunesse, où l'on s'élance avec un irrésistible entraînement à travers les

(1) On sait que lors de l'expédition de madame la duchesse de Berry en Vendée, l'illustre orateur fut impliqué dans le procès criminel qui envoya les conspirateurs royalistes devant la haute cour de justice. Le retentissement de ce procès fut immense, tous les yeux de la France étaient fixés sur M. Berryer que le gouvernement entourait d'agents secrets chargés d'épier toutes ses démarches. On cite à ce propos, de lui, un mot fort gai. Ces agents s'introduisaient jusque dans son intimité; il le savait, et on lui demandait un jour pourquoi il ne les expulsait pas de chez lui : « Quand on connaît un espion, dit M. Berryer, il vaut mieux laisser revenir celui-là, si on le chasse il en viendra un autre qu'on ne pourra peut-être pas aussi facilement reconnaître. »

orages de la vie, en y portant une énergie virile.

C'était naître avec un bonheur inouï ; car le bonheur a marqué tous ses pas ; il ne connut point, à ses débuts dans la vie, la sombre adversité qui se joue de tous les efforts des hommes, la pauvreté qui dégrade leur caractère, détruit leurs facultés et finalement les tue. Il put jouir de la vie à l'âge où le front est encore environné de poésie, quand la plupart des hommes, lorsqu'ils sortent victorieux de la lutte, se retrouvent avec des cheveux blancs en présence des plus enivrantes jouissances dont l'heure a passé pour toujours.

Élevé dans la forte et saine discipline ecclésiastique (1), loin de la pestilence universitaire (2), il apporta dans le monde une âme pleine de spontanéité, brûlant de se communiquer et de se répandre ; tout jeune encore, il était pénétré d'une piété touchante qui tourna ses premières aspirations vers le sacerdoce ; mais il devait

---

(1) Il avait été placé chez les Oratoriens de Juilly. On sait que l'*Oratoire* était une association libre de prêtres fondé en 1611 par le cardinal de Bérulle. Le but de l'institution était de relever les études et de former des docteurs et des prédicateurs.

(2) C'est une expression empruntée à un évêque.

embrasser une profession dont la mission n'est pas moins grande et moins belle.

Ses débuts au barreau lui furent aplanis par son père qui avait lui-même un beau talent et un beau caractère (1) ; quelques causes éclatantes firent sa réputation avec une rapidité qui étonne. Le talent, quand il s'allie au caractère, est une puissance à laquelle rien ne résiste et qui conduit à tout. La Restauration songea de suite à s'appuyer sur cette renommée déjà si grande, quoique si précoce.

En 1830, il était promis à un ministère avant même d'avoir passé par la chambre, et voici le passage d'un discours qu'il prononçait le 25 janvier de cette même année, comme président du comité électoral de la Haute-Loire.

« Vous ne voulez pas que le principe de nos » institutions modernes soit altéré, » — disait-il à ses électeurs, à la veille des événements qui devaient emporter le trône, — « ..... La seule » autorité royale vous touche, car vous ne crai- » gnez pas qu'elle trouble des droits irrévoca- » blement acquis ; qu'elle réveille des préten-

---

(1) M. Berryer père était avocat, et de plus homme de lettres distingué. Il est auteur d'un livre sur *le commerce* plein de vues neuves et piquantes.

» tions éteintes, vaines terreurs dont les ennemis
» du bien public importunent les esprits igno-
» rants pour les égarer ou les corrompre.

» — Vous aimez le roi qui aime notre liberté,
» qui, dans sa haute majesté, ne se croit honoré
» que par des hommages indépendants, et croit
» *que la grandeur de sa couronne se mesure à*
» *la dignité de ceux qui le servent.* »

La fermeté et l'autorité de ce beau langage indiquaient assez l'importance du rôle qu'il allait prendre ; mais la révolution de 1830 vint briser à jamais sa carrière politique.

II

Son avénement au pouvoir eût-il changé les destins de la monarchie ? Il n'est guère possible de le croire ; nul doute même qu'une partie de sa popularité ne soit due à ce que les circonstances l'ont éloigné des affaires, car il s'il fût usé comme tant d'autres, au détriment de sa renommée. Il n'y avait point en lui l'étoffe d'un

Mirabeau. L'histoire ne compte qu'un petit nombre d'hommes qui aient eu, comme Démosthènes, César ou Périclès, le nerf de l'homme d'État joint aux facultés du tribun ; Mirabeau était ainsi fait, et sa forte main eût peut-être tenu la révolution en échec, quoi qu'en disent de vulgaires historiens qui s'imaginent que les révolutions sont des décrets populaires, tandis qu'elles ne sont que des hasards qui peuvent être conjurés par la prévoyance du génie ; mais M. Berryer n'était point organisé pour un tel rôle ; il faut avoir une tête de fer, et je ne sais quelle perversité politique même pour faire le bien, car la loyauté ne peut rien contre des passions aveugles et la perfidie acharnée des partis ; M. Berryer avait l'âme trop tendre, trop généreuse ; il avait trop de scrupule et de délicatesse pour manier les instruments du pouvoir. Dans la vie politique, il faut patienter, ruser, transiger, dissimuler son but, frapper des coups décisifs, immoler ses ennemis sans pitié quand ils prêtent le flanc, plier comme un roseau à de certains moments ; dans d'autres, tenir audacieusement tête à l'orage, exécuter avec une vigueur sans pareille les décisions une fois arrêtées, c'est un beau jeu ; mais M. Berryer ne l'eût pas su jouer. Plus amoureux de la renommée que du pouvoir, moins épris de l'ambition que de la gloire, il n'avait pas cette force souterraine, cette tenacité qui soumet les partis, cet esprit de suite qui fait aboutir les projets persévéramment mûris. Fixé sur le but, il ne l'était pas sur les moyens qui permettaient de l'atteindre, de concilier les principes avec les nécessités des temps nouveaux ; rien ne se résumait dans sa tête en un système arrêté, et les ressources d'esprit si indispensables à l'homme politique lui faisaient défaut ; aussi ne put-il jamais ni diriger son parti ni dominer dans les chambres. Comment en eût-il été autrement ? Il ne savait rien dissimuler, il mettait une bonne foi entière dans ses paroles et dans ses actes, disant franchement sa façon de penser, « ne sacrifiant, comme il le disait lui-même, » aucune de ses libertés à la tribune. Ennemi des brigues, des coteries, des intrigues d'antichambre, il était aussi incapable de flatter les passions de son parti pour le conduire, que de compter dans la chambre avec les petitesses des majorités.

Mais, si par nature il était peu propre à l'action, il l'était éminemment au conseil. Il était fort en état d'éclairer un gouvernement, de l'avertir de ses fautes, car nul n'eut jamais en politique un sens plus droit, plus ferme, nul ne jeta un coup d'œil plus sûr sur les périls de notre état social. Le premier il avait compris la nécessité de se rattacher à des principes certains, d'asseoir le gouvernement sur des bases profondes, sentant bien que la transformation de nos institutions et la rupture de la France avec le passé allaient devenir des causes de mort si l'on ne savait l'arrêter à temps. C'est lui qui a dit ces paroles si profondes et si dignes d'être méditées : que rien n'est subversif comme de » reconnaître au législateur le droit de modi- » fier incessamment l'état fondamental de la » société. Seul, peut-être, il ne s'était pas trompé sur la portée de la révolution de 1830, dans laquelle il avait vu le triomphe de la souveraineté populaire, défiant les ministres de Louis-Philippe « de concilier jamais des principes aussi contradictoires que ceux qui allaient se trouver en présence. » Pénétré de cette idée qu'aucun progrès ne peut s'accomplir qu'avec le temps, il savait, « se défendre de l'enthousiasme et des illusions de l'esprit de parti. » — Sans complaisance pour les ambitions factieuses, pour les utopies insensées qui agitent la France depuis trente ans, plein de courroux contre un philosophisme misérable qui met le peuple en révolte contre la société et contre Dieu, il ne fut jamais dupe « *de la phraséologie libérale* » avec laquelle on trompe le peuple, on aigrit le sentiment de ses maux pour pouvoir le déchaîner, on égare ses passions pour l'asservir. — Homme pratique du reste, se préoccupant en toutes choses des moyens, sans exclusion, sans esprit de routine ; ami du progrès, on le vit toujours prêchant la réconciliation, la concorde, faisant retentir sa voix comme Isaïe dans Babylone, voix prophétique, qui fut trop rarement écoutée au milieu de nos discordes civiles.

III

Comme orateur, le talent de M. Berryer s'est placé, dans notre époque, à une hauteur qui semble défier toute comparaison. Les louanges l'ont élevé jusqu'aux nues ; son nom a passé de bouche en bouche comme le symbole de l'éloquence. L'admiration publique s'élèverait comme un rempart contre quiconque oserait élever la voix contre cette réputation colossale ; elle est assise sur des bases qui semblent inébranlables.

Tout a été loué dans M. Berryer : on lit chez ses innombrables biographes qu'il a une taille d'athlète, une face de lion, des regards d'aigle, un geste pareil à celui de Mirabeau, un organe qui remue toutes les fibres. Ces éloges, on les retrouve jusque dans les satires trop vantées du cotonneux Timon. N'y a-t-il pas quelque exagération dans l'expression d'une admiration d'ailleurs si légitime dans son objet ?

Pour mesurer toute la puissance de ce grand orateur, sans doute il eût fallu l'entendre quand il était dans la plénitude de son talent ; mais il est encore si imposant à son déclin, que l'on se figure sans peine ce qu'il était dans la force de son âge. Ce n'est pourtant pas sans une sorte de surprise qu'on l'entend pour la première fois, à moins qu'on ne le prenne d'aventure dans un de ses beaux moments. A la simplicité de sa personne, à son geste familier, à cette parole irrégulière et souvent diffuse, on regarde, on attend, le premier effet est manqué, l'imagination est déçue : Est-ce donc là, se dit-on, le grand Berryer ? Où donc est cette forte parole, cette puissante voix ? Où sont ces accents dont l'empire est irrésistible? Il ne faut point s'arrêter à cette première impression, il faut s'habituer à ces tâtonnements, à ces formules imparfaites, à ces longueurs, peu à peu tout se dégage, cette grande parole se dessine, quelquefois tout éclate comme par un coup de tonnerre : Berryer apparaît.

On a dit que les grandes pensées viennent du cœur, c'est surtout de l'éloquence qu'il faudrait le dire : c'est là ce qui caractérise essentiellement le talent de M. Berryer ; c'est la sensibilité qui l'a fait orateur, c'est le cœur qui l'a fait grand. Sa fibre s'impressionne à un point qui ne se peut exprimer ; l'émotion se gagne tout autour de lui quand il est ému. Il y a dans sa poitrine comme un foyer dont partent incessamment les effluves les plus passionnées. Son âme, il l'exprime toute entière, il la donne, on la voit pour ainsi dire s'échapper de ses lèvres ; sa voix s'attendrit jusqu'aux larmes, elle a des accents si sincères, des notes si pures ! Il entraîne, il persuade, il convainc ; il est impossible de ne pas être remué, pénétré, attendri ; l'homme qui ne serait pas ébranlé par ses élans n'aurait rien d'humain dans le cœur. — Aucun orateur ne peut sous ce rapport approcher seulement de lui, nulle âme n'a été pétrie d'une telle sensibilité ; c'est à elle que M. Berryer doit ses triomphes et sa popularité.

Cette grande énergie de sentiment qui le caractérise, il la porte au barreau, à la tribune, où il déborda tant de fois par des accents dont le pays se souvient encore (1). M. Quand Berryer paraît s'obscurcir, mettez-le sur la politique, à l'instant vous retrouverez l'orateur. Le ton et la forme de son langage paraissent empruntés aux plus beaux modèles de l'antiquité ; il en a la simplicité, la profondeur, parfois le nerf, le bon sens lumineux, abordant toujours les questions par leur côté le plus grand, le plus élevé, ne dirigeant pas, ne dominant pas la discussion, mais planant toujours au-dessus d'elle avec une autorité qui tenait les assemblées dans le respect.

Ses discours sont nourris de raisonnements et de considérations politiques, comme peuvent l'être les pages de Montesquieu dont on voit

---

(1) Quelques-uns de ces accents seront immortels : quelle parole que celle qu'il prononça devant la Chambre des Pairs, lorsqu'il assistait M. Dupin dans la défense du maréchal Ney ! « *Il est indigne d'un roi de ramasser les* » *blessés sur le champ de bataille pour les porter à l'écha-* » *faud.* » Son mot à la Chambre après 1830, en voyant le ministère acheter des feuilles politiques indépendantes : « *Vous savez acheter les opinions, vous ne savez pas les* » *défendre.* »

qu'il a longtemps médité le génie. Sa phrase semble jetée par moments dans le moule de Corneille, dont le magnifique langage politique semble respirer toutes les passions de la tribune.

Quand à l'incorrection de ses formes, on les les oublie au milieu de tant de beautés. L'orateur ne doit pas se proposer la correction de l'écrivain, car, comme le dit si bien M. Edmond Rousse (2), dans une préface qui est un rare morceau de littérature : « L'excès du goût est un » écueil, et la perfection absolue du langage » n'est pas la qualité principale de l'élo- » quence. »

Cette simplicité de ton, de style, qui se prête sans efforts comme sans recherche à tous les courants de l'improvisation, qui s'adresse à toutes les intelligences, soulève d'un mot les passions, peint à larges traits en courant : c'est l'éloquence elle-même, c'est le jet tout puissant de la nature. Tel est Berryer : il est rocailleux comme Mézeray, dur comme Bossuet, escarpé comme Joseph de Maistre, grand comme eux peut-être parce qu'il éclate comme eux d'une vérité éternelle.

(2) *Discours et plaidoyers de M. Chaix-d'Est-Ange*, mis en ordre par M. Ed. Rousse, avocat à la Cour impériale.

IV

Les hommes auxquels l'étude a livré quelques-uns de ses secrets savent seuls de combien de défauts sont affectés les plus beaux talents, et quelle large part on peut faire à la critique à côté des plus grands éloges.

Berryer est inégal : pareil à ces aigles décrits par Buffon dont le corps compact ne s'élève de terre qu'avec effort, mais qui planent ensuite dans les nues, il paraît en commençant ses harangues défectueux et appesanti. Il se cherche longtemps avant de se trouver, souvent il ne se trouve pas, il s'élève puis il retombe, se relève et retombe encore ; sa fièvre oratoire *est intermittente*. Génie facile, trop facile peut-être, qui s'est livré sans effort à ses premiers élans, on voit que le travail n'a point assez élaboré la substance de ses idées.

Ses raisonnements manquent parfois de précision ; souvent le terme propre le fuit, alors il entasse les mots sur les mots pour trouver celui que vainement il appelle ; il est long, décousu, par moment incertain de ce qu'il va dire. Il plaide comme un vieux procureur. A la tribune, on le voyait souvent abandonner le terrain de la question pour s'égarer dans des généralités, perdant quelquefois la suite de ses idées à travers les vastes dédales de son intelligence, comme Thésée perdit le fil d'Ariane dans les détours du labyrinthe.

Ce que l'on a le plus vanté dans M. Berryer, l'action oratoire, est peut-être ce qu'il a de plus imparfait. Son geste est lourd, embarrassé, l'expression de son visage n'a qu'une médiocre énergie.

Il y a une sorte d'action oratoire qui est propre à la forme même du langage, et qui se traduit par la variété des images, par le mouvement, par des surprises de toutes sortes. Le barreau de Paris comptait il y a quelques années, parmi les siens, un avocat naguère descendu d'un des siéges les plus élevés de la magistrature, que nul n'égalera peut-être jamais sous le rapport des mouvements oratoires : il animait tout de sa personne, il éclatait en figures de langages, en apostrophes, en objurgations, en prosopopées ; c'est un genre d'éloquence dont le secret s'est perdu. Ses discours écrits portent encore la trace des sillons de feu qui couraient dans sa parole; l'éloquence de M. Berryer, d'un caractère plus grand d'ailleurs, est sensiblement inférieure, sous ce rapport, à l'orateur éminent qui, depuis... est devenu gardien *du pacte fondamental.*

Comme avocat, c'est le type de la dignité professionnelle : ses talents ont un caractère incontestable d'universalité. Profondément versé dans la science du droit et dans la philosophie des passions, soit qu'il plaide au civil, soit qu'il fasse retentir aux assises sa toute-puissante voix, c'est toujours la même élévation, les mêmes ressources d'âme et de raison ; mais sa méthode est confuse, entortillée; son argumentation est pressante, décisive, jamais les moyens supérieurs et palpables d'un procès ne lui échappent, mais ils se présentent sans ordre et sans discipline, quoiqu'un plan tout-puissant ait présidé à la conception de sa plaidoirie; il tourne et retourne entre les lignes qu'il a tracées, va, vient, se répète, revient, tâtonne (1), sou-

(1) Nous avons eu l'honneur de nous rencontrer dans quelques-unes de ces appréciations avec M. Pinard, qui, sur les mêmes points, s'exprime ainsi et s'exprime mieux :

« Il n'est pas dit non plus qu'on admirera M. Berryer du premier coup et à première vue; il y a du hasard chez

vent sans pouvoir trouver une issue; il y a quelque chose de tellement supérieur au fond de tout cela, il est si simple, si facile, sa parole a tant de charmes secrets, que l'on peut presque toujours le suivre sans fatigue, privilége particulier de cette heureuse organisation, à laquelle il n'a rien manqué peut-être qu'un peu plus de concentration pour être supérieurement complète.

lui plus que chez tout autre, et peut-être existe-t-il beaucoup de gens qui l'ont entendu sans soupçonner son immense talent. — Aussi quel trouble quelquefois, et quel embarras ! Est-ce lui qu'on entend ? Sa parole est inerte, sa logique, si vivante et si animée, chancelle à chaque pas; il prend les faits, il les quitte, il les reprend sans se décider à entrer dans la question. Une fois là, il hésite encore, il s'étonne lui-même de l'étonnement qu'il inspire... Ses qualités les plus intimes, les plus personnelles l'abandonnent; son geste devient faux, sa voix si passionnée et si sonore devient criarde; ce n'est plus qu'une voix de tête, on dirait d'un homme qui chante faux. » (Os. Pinard, *le Barreau*, p. 81, M. Berryer.

V

Quand on n'a pas vu les hommes de très-près, il est difficile de les juger complétement tant ils diffèrent étrangement parfois dans la vie privée de ce qu'ils sont dans la vie publique : il y a donc bien réellement deux caractères et presque deux natures à distinguer chez eux ; le caractère privé et le caractère public. M. Berryer passe pour avoir même les vertus domestiques, mais il n'y a qu'une opinion, qu'une voix en France sur la beauté de son caractère comme homme public : c'est même une chose très-frappante de voir comme les grandes qualités morales, ainsi que les grandes facultés de l'esprit se manifestent pour ainsi dire, à toutes les intelligences au sein d'une nation : tout le monde les pressent, les devine, les connaît ; c'est en quelque sorte une intuition dans toutes les âmes, une révélation dans tous les esprits : pareilles à la lumière, elles pénètrent toutes les profondeurs et font sentir partout leur vivifiante influence ; le beau caractère de M. Berryer est pour ainsi dire transparent à tous les yeux. Né avec une âme passionnée pour la gloire, enthousiaste pour les grandes actions, sensible jusqu'à l'exaltation pour les grandes idées et les grands sentiments, tendre, énergique, chevaleresque, susceptible du dévouement le plus profond, de l'attachement le plus ferme, libéral, généreux, d'une probité austère, d'une bonté facile, d'une piété touchante parce qu'elle est profondément sincère, sans petitesse, sans rancune, sans haine, si ce n'est contre les hommes pervers et leurs dévorantes doctrines, on ne vit jamais une conscience plus droite, des intentions plus pures, une intelligence plus ouverte, un esprit plus ferme, un caractère plus désintéressé; c'est le cœur d'une femme, l'enthousiasme d'un poëte, le génie viril d'un citoyen.

Animé du patriotisme le plus éclairé et le plus ardent, c'est lui qui, ne désertant jamais les intérêts de son pays, resté sur la brêche après la chute de la dynastie pour laquelle il avait combattu, a dit le premier : « qu'au dessus des opinions il y avait la patrie à servir, » et il resta toujours au milieu des ruines amoncelées de nos institutions, exerçant librement ses droits dont le sentiment est inviolablement écrit dans son âme, prêtant l'appui de sa parole à toutes les hautes infortunes qui sont venues l'implorer tour à tour au nom de la liberté qu'il a défendue sous tous les régimes.

M. Berryer est d'une taille courte et un peu ramassée, avec des épaules solides comme celles que l'on voit aux bustes des orateurs antiques. Sa tête, qu'il portait si vaillamment autrefois, commence à s'incliner sous le poids des ans, mais l'âge a respecté la belle expression de ses traits dont l'animation sereine a quelque chose d'apostolique comme sa vie ; c'est un de ces vieillards tels que l'on se figure les sages de la Grèce, tels que les anciens dans leur riante imagination se plaisaient à en voir errer sous les ombrages élyséens. Son crâne respectable, circulairement dénudé, présente des tons pareils à ceux que les grands maîtres de l'école italienne ont su donner aux figures des ascètes ; d'abondantes mèches de cheveux, d'un blanc légèrement jauni, jouent comme des flocons vers ses tempes où elles se rejoignent à des touffes blanchissantes de favoris qui tranchent avec la couleur animée de son visage et lui donnent cet aspect léonin que le public se plaisait à lui trouver. Son regard, bienveillant et distrait, devient austère quand il veut commander le respect. Tous ses traits ont quelque chose de vénérable et de doux que l'on ne peut oublier quand on l'a vu, et qui respire discrètement la vertu, si ce mot, dont la signification s'est perdue dans ce siècle de fer, pouvait encore s'appliquer à un homme de notre temps.

Neublans, le 23 novembre 1862.

M. SÉNART

I

Ce sera un jour une tâche difficile que d'écrire l'histoire de notre temps avec les matériaux fournis par la littérature contemporaine. L'amour de la vérité et le naturel sont des qualités que l'on ne retrouve plus dans les livres qui naissent sous le souffle des événements.

Notre époque n'a plus le secret de ces œuvres vivaces qui, sous le nom de Mémoires, ont abondé dans nos annales jusqu'à la fin du XVIIIe siècle, et dans lesquels les hommes, les mœurs et les événements se réfléchissaient d'une manière si saisissante, où tout se peignait avec des couleurs à la fois si simples et si fortes.

Un levain amer de personnalité et de passion semble corrompre partout la vérité dans les livres modernes, alors même qu'ils se recommandent par le talent et la célébrité de leur auteur. Un orgueil intraitable, une préoccupation obstinée d'eux-mêmes, font délirer les plus illustres écrivains dans l'appréciation des événements auxquels ils ont été mêlés (1).

(1) V. entre autres : *Histoire de Dix Ans* — Louis Blanc ; *Mémoires pour servir à l'histoire de mon temps* — Guizot ; *Histoire de la Révolution de 1848* — Lamartine ; *Histoire du Consulat et de l'Empire* — Thiers. Ce ne sont pas là des histoires, ce sont des expansions de personnalité, des accès d'orgueil, des œuvres dans lesquelles l'historien ne voit que lui, n'est préoccupé que de lui seul, se glorifie, s'exalte ; monte sur un piédestal, dicte ses décrets, impose ses jugements comme l'expression de la vérité universelle.

Nous retrouvons les fragments inédits d'une étude critique, dont les pages suivantes nous étaient inspirées par la lecture du dix-huitième volume du *Consulat et de l'Empire*. Ces fragments réunis devaient former une brochure intitulée : *le Consulat et l'Empire devant M. Thiers.*

« Au double point de vue de la méthode et de la critique, M. Thiers a une manière de procéder qui lui est propre, et qui consiste, une fois les faits exposés, à analyser, à discuter, à discourir sur leurs considérations pratiques ; soit qu'il s'agisse de la négociation d'un traité ou d'un plan de campagne, il ne manque jamais de se livrer à l'examen de tous les partis auxquels on pouvait s'arrêter, de les raisonner les uns après les autres, montrant tour à tour le fort et le faible, le pour et le contre, rele-

On n'est pas plus éclairé sur le caractère des hommes que sur celui des événements, quand

vant les objections, y répondant, et tranchant sur le tout; puis, quand il a examiné le plan en lui-même, il recherche de quelle manière il a été exécuté, et préalablement de quelles différentes manières l'exécution était possible, recommençant, sur les moyens d'exécution, la discussion à laquelle il s'est livré sur le plan général, jusqu'à ce qu'il ait épuisé l'un et l'autre point. Ainsi à chaque pas de Napoléon il examine ce que Napoléon pouvait faire, ce qu'il a fait, ce qu'il aurait dû faire, de quelle façon il s'y est pris, de quelle autre façon il pouvait s'y prendre, par où il a péché, en quoi il a excellé, comment il aurait pu exceller encore davantage, et ainsi de suite.

» C'est là évidemment une méthode très-savante ; elle est surtout très-favorable à l'historien; rien n'est, en effet, plus propre à faire concevoir une haute idée de son esprit que ce coup d'œil d'aigle jeté sur tant de questions transcendantes; ayant le secret de tout comprendre, ne semble-t-il pas qu'on aurait le secret de tout faire, sur le champ de bataille comme partout ailleurs, si le hasard eût aussi bien voulu que l'on fût appelé à commander des armées? On paraît avoir un génie égal, sinon supérieur, à celui des grands hommes dont on entend si bien les combinaisons; enfin on se fait l'organe de la postérité en traçant d'avance pour ses arrêts un cercle de Popilius dont elle ne pourra pas sortir.

» Nous n'avons, quant à nous, qu'une assez médiocre estime pour toutes ces théories faites après coup, et principalement pour celles qui ont trait aux opérations militaires. Nous comprenons que ces commentaires puissent convenir à des hommes d'épée qui ont dirigé ou suivi les manœuvres qu'ils racontent, comme l'ont fait Thucydide, César ou Napoléon; mais il semble difficile de prêter beaucoup de valeurs à ces leçons sur l'art militaire données par des

on a lu les innombrables biographies qui ont été jetées au public par les mains de la spécu-

hommes de cabinet, à ces jugements portés sur des mouvements stratégiques dont on ne peut bien se rendre compte que sur le terrain et pendant l'action; dans le commandement d'une manœuvre, dans le choix d'un plan de bataille, il y a trop de motifs ignorés, trop de raisons secrètes, trop de circonstances qui échappent à l'historien, pour qu'il puisse, surtout quand il n'a jamais mis le pied à la guerre, en professer utilement la science.

» Cette forme didactique, que M. Thiers se complaît à donner aux récit des campagnes du Consulat et de l'Empire, provient, il faut bien le dire, d'un excès de personnalité qui éclate partout, malgré l'art infini avec lequel il déguise ses prétentions et la modestie apparente dont il a le talent de se couvrir. Ces prétentions éclatent de toutes parts; elles forment le trait dominant, on peut dire le vice radical de son histoire.

» C'est le désir d'être complet et de clore tout débat sur les événements qu'il raconte, qui conduit M. Thiers à résumer jusqu'à deux et trois fois dans chaque volume les considérations qu'il a présentées en commençant; il expose les faits, puis il fait un résumé, puis un résumé du résumé, récapitulant sans cesse avec une ardeur que rien ne lasse, reproduisant jusqu'aux phrases, jusqu'aux expressions typiques dont il s'est déjà servi, de façon à incruster dans l'esprit du lecteur tout ce qu'il a dit, à en faire une leçon qui se retienne par cœur et qu'il suffise de réciter de mémoire pour asseoir un jugement sans appel sur chaque événement capital.

» Sans doute, et c'est Napoléon lui-même qui l'a dit, la répétition est la plus énergique de toutes les figures de rhétorique, mais est-ce bien ainsi qu'il convient de retracer l'histoire ? Que signifient toutes ces redites ? A quoi bon revenir sans cesse sur les faits une fois exposés,

lation. Grandis ou rapetissés au gré des intérêts et des passions, peints d'une main débile, même quand c'est la haine qui tient la plume, les personnages contemporains apparaissent au public avec des figures d'emprunt dont les traits, artificieusement grimés (1) pour l'optique

sur les appréciations déjà émises ? Il faut cependant supposer quelque intelligence au lecteur à qui on se confie et ne pas l'envisager comme un élève à qui l'on a besoin d'apprendre sa leçon.

» M. Thiers a été dominé par une idée fixe : c'est de lier indissolublement son nom au souvenir de l'Empire et de l'Empereur. Là est le secret de la persévérance infatigable avec laquelle il a travaillé à cette histoire; il a voulu qu'il n'y eût plus rien à dire, plus rien à faire après lui, que la matière fut épuisée jusqu'à la quintessence, que l'on ne pût toucher à Napoléon, soit comme général, soit comme Consul, soit comme Empereur, soit comme homme de guerre, soit comme législateur, soit comme administrateur, soit comme homme privé, soit au point de vue social, soit au point de vue philosophique, soit au point de vue moral, politique, économique, humanitaire, idéaliste, réaliste, religieux, sans que l'on fût obligé de s'en rapporter à lui, de le citer, d'emprunter ses jugements; on dirait enfin, que, dans la prévision d'un cataclysme qui replongerait tout dans les ténèbres, excepté le nom de Napoléon, M. Thiers a pris le parti de s'attacher à ce nom, dans l'espoir de sauver le sien, comme Noé s'était sauvé du déluge en se réfugiant avec sa famille dans l'arche épargnée par les eaux. »

(1) *Les Crimes.* C'est un titre de pièce *sociale* que nous recommandons et même que nous donnons gratuitement aux dramaturges, qui se disputent journellement pour le titre nu d'une pièce de théâtre.

de la rampe, se décomposent presque tous quand on les voit de près. C'est ainsi que l'opinion se trouve fixée sur le compte de quelques hommes publics habiles à surprendre la renommée, quand les véritables services sont souvent oubliés ou méconnus.

M. Sénart est un des hommes de notre temps, auxquels la notoriété populaire a fait moins de place que ne le comportent leur caractère et les actes de leur vie politique.

Il a rendu de grands services sans se poser en prophète inspiré, sans jouer au Caton, sans donner autour de lui le signal des acclamations, il l'a fait simplement, comme un homme qui sait que l'on se doit à son pays; il a agi surtout et n'a pas craint de se mettre face à face du danger dans l'occasion, quand la plupart des tribuns n'ont eu que des discours pompeux au service de leur héroïsme.

II

M. Sénart est né le 9 avril 1801, au commencement d'un siècle qui devait assister à quatre révolutions avant d'avoir fourni les deux tiers de sa course et voir remettre en question toutes les bases de notre organisation sociale et politique.

Mêlé aux événements de sa ville natale, pendant les agitations qui précédèrent la Révolution de Juillet, il vit tomber la monarchie, et, comme tant d'autres, alors, il n'aperçut point l'abîme qui s'était ouvert sous les coups imprudents d'un libéralisme dont il avait partagé les entraînements ; un autre gouvernement venait de s'élever sur le pavé des barricades, et s'il en fût jamais un qui dût tranquilliser le pays sur le maintien de ses libertés et lui en assurât l'exercice, c'était à coup sûr celui-là ; mais rien ne peut prévaloir contre la turbulence des factions, quand le corps politique n'est pas constitué de manière à y donner la prépondérance à l'élément conservateur (1). La monarchie de juillet s'écroula à son tour, préparant de douloureux regrets, même à ceux qui s'applaudissaient de l'avoir vaincue.

M. Senart avait fait au gouvernement de juillet une opposition des plus vives; l'éclat de sa réputation qui, du barreau de Rouen avait déjà retenti de toutes parts, l'importance personnelle qu'il avait acquise dans son département, la fermeté et la souplesse de son caractère le désignèrent de suite au choix du gouvernement provisoire qui le nomma procureur-général à Rouen, au moment des troubles qui éclatèrent dans cette ville; on sait avec quelle vigueur il réprima

(1) C'est ce qu'avait essayé de faire la Restauration dont les intentions furent si cruellement méconnues, et pour qui l'histoire sera plus juste que ne l'ont été les partis; mais c'est une des illusions dont nous ne nous guérirons pas, que de prétendre à tous les avantages et à tous les droits politiques, sans aucune des institutions qui sont la base de leur existence, sans corps politique, sans aristocratie, en pulvérisant toutes les forces collectives qui peuvent résister à l'action du pouvoir central, ce qui doit, de toute nécessité, ou engendrer le despotisme ou vouer perpétuellement l'État à l'anarchie. La Restauration périt pour avoir essayé de reconstituer les fondements du pouvoir qui, depuis la Restauration, n'a jamais existé en France qu'à la surface, aussi éphémère dans l'excès de sa force que dans sa faiblesse.

l'émeute et les accusations dont il fut l'objet à ce propos lorsqu'il vint, quelques mois après, siéger comme député dans le sein de l'Assemblée constituante. Il triompha sans peine des attaques dirigées contre lui par quelques démagogues, pour qui c'était une atteinte à la liberté que de réprimer la licence.

M. Sénart n'avait point hésité à se démettre de ses fonctions de procureur-général pour accepter le mandat législatif qui lui avait été offert ; ce n'était pas trop du concours de tous les hommes d'ordre pour réagir contre l'esprit d'anarchie qui allait importer la république comme il avait emporté le trône de Charles X et la dynastie d'Orléans. M. Sénart ne croyait que modérément peut-être à la possibilité de fonder une république en France (1), mais il entendait servir loyalement et de tout

---

(1) C'était peut-être trop s'engager que de s'exprimer ainsi. Ce qui est vrai, c'est que les événements ont souvent autant de part que les principes dans le choix des opinions auxquelles on appartient. Qui prévoyait alors la chute de la monarchie d'Orléans, et pouvait songer sérieusement à lui substituer la république ? Après tant de révolutions, faites au nom de la liberté, n'était-ce pas le cas de s'arrêter et de conserver ce que l'on avait conquis ? « Dépasser le but, c'est faire beaucoup moins que l'atteindre, » comme le disait avec tant de raison le prince qui succomba devant l'insurrection de février. Il serait

son pouvoir le nouveau régime qui venait d'être improvisé dans une journée d'aventure. L'illustre avocat ne fut jamais de ces théoriciens politiques que leur faconde appelle bien à propos de pouvoir définir quelques-uns des mots avec lesquels les passions politiques ont été agitées tant de fois dans notre pays. Le ravage des mots est affreux, comme l'a dit un des hommes qui ont le mieux jugé les derniers événements contemporains*, et ils contiennent en germe autant de désastres qu'ils en ont déjà causés. Il n'y a rien de plus dissolvant dans notre époque que la distinction que l'on a établie entre la bourgeoisie et le peuple, comme si la bourgeoisie avait une autre origine, d'autres intérêts que ceux du peuple, comme si elle formait une classe privilégiée dans l'État, comme si les droits politiques dont elle jouissait étaient autre chose que le prix et la récompense du travail. Que les plus âpres censeurs de la bourgeoisie veuillent donc nous dire comment ils s'y prendraient pour mettre le pouvoir dans d'autres mains que celles de la classe moyenne. Une certaine aisance, accompagnée d'une certaine éducation, sera toujours, quoiqu'on fasse, le signe d'une aptitude générale aux fonctions grandes ou petites du gouvernement, à moins que l'on ne veuille prétendre que vivre d'un salaire journalier et manquer de toute éducation ou d'une éducation libérale, ne soient des titres à la gestion des affaires publiques. Le mot de démocratie est encore une de ces équivoques avec lesquelles on se joue trop du sens commun. Depuis le temps que nous en avons les oreilles rabattues, ne nous dira-t-on pas quelque jour ce qu'il signifie? Si l'on entend par là la souveraineté exercée par le peuple lui-même comme dans les États-Unis, c'est une idée tellement confuse et tellement inapplicable à notre système territorial qu'elle

* M. Cuvillier-Fleury.

dans les joûtes oratoires, mais que leur esprit impropre à la pratique écarte de la direction des affaires. Il ne fit qu'un pas de la vice-présidence de l'Assemblée au fauteuil de la présidence dans lequel on le vit diriger, avec tant de courtoisie, de précision et d'adresse, les débats tumultueux d'une assemblée composée des éléments les plus hétérogènes qui furent jamais. Du sein de la représentation nationale plus d'un membre de la constituante correspondait avec l'émeute encore irritée de n'avoir pas vu proclamer le radicalisme démocratique; l'explosion des journaux de Juin arriva comme les saturnales du 15 mai avec la complicité occulte d'une fraction gangrenée de l'Assemblée nationale.

peut à peine se discuter ; s'il s'agit de la souveraineté du peuple personnifiée par un seul homme, cela n'a point de sens ou cela signifie absolutisme et autocratie, c'est-à-dire le contraire du régime démocratique qui suppose le gouvernement du peuple par le peuple lui-même; quelle est donc la portée de ce mot et de quelle manière peut-il se traduire dans l'économie du gouvernement ? De quelle manière le peuple participera-t-il à la vie politique. Un seul plébiciste rendu par une seule génération, est-ce là le résultat définitif de l'avènement de la démocratie qui n'en demanderait pas davantage et rentrerait dans le néant? Ce sont là autant de problèmes qu'il faut résoudre, à moins d'être éternellement le jouet des plus détestables contradictions.

C'était le dernier ban de la démocratie qui montait à l'escalade du pouvoir et cette fois la France allait voir paraître à la surface tout ce qui s'agitait au fond de la société ; si cette expérience, qui eut été inouïe sans doute, lui fut épargnée, si l'insurrection succomba, comment oublier ce que fit M. Sénart pendant ces funestes journées quand la terreur était partout.

Un homme de bien qu'une plume mercenaire osa calomnier plus tard, luttait alors contre les forces de l'émeute; du fauteuil de la présidence M. Sénart s'élança aux côtés du général Cavaignac ; il prit part à ses délibérations, partagea ses périls; ne le quitta pas un instant tant que tonna le canon et concourut avec lui au salut de la France peut-être (1). L'Assemblée nationale les associant dans sa reconnaissance proclama dans sa séance du 29 juin qu'ils avaient tous deux bien mérité de la patrie.

Il n'est point d'homme politique qui ne doive se sentir ramené à la modestie par de tels services, et combien n'est-il pas de personnes en France cependant auxquelles le nom de M. Sé-

---

(1) Nous disons *peut-être* parce que l'on a beaucoup abusé de ces *sauvetages*, et que souvent l'on s'en passerait bien.

nart est moins familier que celui de tel personnage infatué de sa présomptueuse médiocrité.

M. Sénart a su faire sans emphase toutes ces choses, il n'a pas demandé qu'on lui tressât de couronnes civiques et il ne s'est pas soucié de la plus mince biographie.

La fin de sa carrière politique fut digne de cette belle conduite.

Après les journées de Juin, « le général » Cavaignac, devenu chef du pouvoir exécutif, » s'était empressé de prendre le président de » l'Assemblée nationale pour ministre de l'inté- » rieur. M. Sénart se vit chargé de reconstruire » l'administration centrale et celle des dépar- » tements pour la police et les municipalités. » Lorsque le général crut devoir se donner » pour auxiliaires les chefs de l'ancienne oppo- » sition de gauche, M. Sénart approuva un » changement de politique qui entraînait sa » sortie du cabinet et ne craignit pas de donner » la publicité de la tribune à son approbation; » exemple de désintéressement et d'impartialité bien rare chez les hommes publics qui ne quittent guère le pouvoir sans laisser leur malédiction à la politique qui les congédie.

III

Comme orateur parlementaire M. Sénart n'eut jamais cette ampleur d'éloquence qui est le privilége de quelques hommes de notre temps. C'est même une chose assez remarquable qu'il fut toujours aussi sobre de paroles à la tribune qu'il est abondant au barreau.

Lui dont le verbe déborde dans ses plaidoiries, il n'aimait pas les longs discours dans les assemblées et n'en faisait point (1). Il résumait

(1) Mais il prit bien sa revanche pendant les séances des journées de juin. On l'a vu parler à la Chambre pendant soixante-douze heures de suite, racontant heure par heure les détails de l'insurrection, lisant, commentant les nouvelles, les rectifiant quand elles étaient fausses, les modifiant quand elles étaient alarmantes, il fut l'âme de l'Assemblée dont il ne cessa de soutenir et de surexciter le moral par un intarissable monologue pendant qu'il tenait le fauteuil.

ses idées en quelques mots, abordait de suite la question et concluait. Cette réserve, qui était peut-être de sa part un calcul, servit mieux son ambition que ne l'eussent fait des prodiges d'éloquence, car si les assemblées aiment les grands parleurs, elles leur accordent en général peu de confiance.

C'est par une adresse et un tact infinis que M. Sénart avait attiré à lui l'un des rôles les plus importants dans les événements de 48 ; on a vu de quelle énergie était doublé son savoir faire.

Consommé dans la tactique parlementaire, nul n'agissait avec plus d'efficacité que lui sur la partie saine de l'assemblée, nul n'était plus habile à s'emparer de l'esprit de la bourgeoisie, à exciter ses craintes, ses scrupules, à traduire ses sentiments et ses passions ; la dignité de son attitude répondait à sa dextérité.

Jamais on ne le vit enrayer la discussion par des disputes stériles, calme, mesuré, circonspect, plein de convenance avec ses adversaires, il leur échappait par sa souplesse ou les désarmait sans les blesser par la légèreté de sa raillerie ; mais il savait au besoin les couvrir des éclats de sa colère et de son mépris, comme il le fit dans la séance du 31 juillet quand il interrompit par des sarcasmes sanglants le programme révolutionnaire de M. Proudhon (1).

Dans la vie politique, le sens commun vaut mieux que l'éclat des facultés ; aussi les hommes ne s'y trompent-ils pas en général, et il est rare qu'ils abandonnent aux esprits spéculatifs la conduite de leurs intérêts, leur instinct les avertit que l'expérience est au-dessus de la raison individuelle et ils devinent le sophisme là où ils ne peuvent le démontrer.

C'est par le bon sens et la modération que se recommanda toujours l'excellent esprit de M. Sénart ; il ne faudrait peut-être rien dire de

---

(1) On ne peut s'empêcher de regretter le bizarre tour d'esprit de cet écrivain quand on voit quelle vigueur de talent il met au service de ses utopies. Merveilleux critique, incomparable polémiste, comme don Quichotte dont le bon sens était exquis dès qu'il n'était pas sur le terrain de la chevalerie, M. Proudhon délire immédiatement dès qu'il aborde la théorie. Et quelle théorie ! Ce sont souvent les idées les plus simples et les plus communes qu'il enveloppe de ses nuages épais. Cette science horripilante des mots déguise toutes sortes de banalités politiques ; il en est ainsi, par exemple, de son dernier ouvrage où ce qu'il appelle *fédération* et *système fédératif* n'est autre chose que décentralisation et affranchissement communal. Mais quelle plume ! Et de quelle excellente façon il daube les *démocrates* de la presse ! Il avait semé la tempête, il n'a recueilli que le silence.

plus précis sur les idées et les opinions auxquelles il appartient; mais c'est une nécessité en France que la classification des hommes politiques réponde à la classification des systèmes, et que chaque parti se donne un nom emprunté à une formule de gouvernement (1), vain et fatal antagonisme de mots qui fait illusion sur la réalité des choses, perpétue la discorde et empêche les hommes de bonne volonté de se réunir sous des principes communs.

M. Sénart appartient à cette portion de républicains appelée le parti des républicains modérés dont les idées, si elles n'ont rien de praticable ni de précis, n'offensent du moins aucun des principes ni aucune des grandeurs de la civilisation. Homme de progrès, il ne se donna point aux chimères, dévoué aux idées libérales, tant qu'il fut aux affaires sa préoccupation

---

(1) *Nuances monarchiques* : légitimistes, cléricaux, orléanistes. — *Nuances républicaines* : radicaux, modérés, révolutionnaires. — *Nuances démocratiques* : impérialistes, socialistes, communistes, etc. Autant de mots, autant de théories, autant de systèmes qui prétendent s'imposer et se convertir en formes de gouvernement; nul peuple au monde n'est ainsi travaillé par la fureur des théories. En Angleterre toutes ces tendances contraires se résument en deux mots, *whigs* et *tories* : l'élément aristocratique et l'élément démocratique.

constante fut de concilier l'ordre avec la liberté problème si difficile à résoudre en France, où la turbulence des ambitions personnelles a fait commettre par les gouvernements tant d'attentats contre la liberté, les a amenés à embarrasser dans d'inextricables lacis toute action collective ou individuelle (1). M. Sénart eut l'honneur d'être un des adversaires de cette fureur effrénée de réglementation qui est un

(1) Quelques jours après avoir écrit ces lignes nous notions le passage suivant d'un discours célèbre prononcé le 25 janvier, lors de la distribution des récompenses aux exposants français de Londres :
» Si les étrangers peuvent nous envier bien des choses
» utiles, nous avons aussi beaucoup à apprendre chez
» eux. Vous avez dû, en effet, être frappés, en Angle-
» terre, de cette liberté sans restriction laissée à la ma-
» nifestation de toutes les opinions comme au développe-
» ment de tous les intérêts, vous avez remarqué l'ordre
» parfait maintenu au milieu de la vivacité des discussions
» et des périls de la concurrence. C'est que la liberté an-
» glaise respecte toujours les bases principales sur les-
» quelles reposent la société et le pouvoir. Par cela
» même, elle ne détruit pas, elle améliore ; elle porte à
» la main, non la torche qui incendie, mais le flambeau
» qui éclaire, et, *dans les entreprises particulières, l'initia-*
» *tive individuelle s'exerçant avec une infatigable ardeur*
» *dispense le gouvernement d'être le seul promoteur des*
» *forces vitales d'une nation, aussi au lieu de tout régler*
» *laisse-t-il à chacun la responsabilité de ses actes.* » (*Moniteur* du 25 janvier 1863.)
Voilà bien le machinisme français, mais qui peut nous le

des fléaux de notre pays, de ce besoin dévorant de tout organiser, de tout ordonner, de tout prévoir, de tout empêcher, de faire chaque année des lois et des règlements par douzaines, monomanie funeste qui tend à tout confondre dans notre législation, qui favorise toutes les entreprises du pouvoir et ne pouvait manquer de faire porter un jour à la France le deuil de ses libertés.

IV

Au barreau, les hommes sont moins surfaits que partout ailleurs ; il n'est pas de profession où l'on donne plus vite et plus complétement

---

reprocher ? Un journal étranger (*l'Europe*) disait à ce propos, « que le régime de la liberté en France était si bien réglé aujourd'hui qu'il n'y a avait que le chef de l'État qui pût se faire à lui-même de l'opposition. »

sa mesure. Placé sans cesse sous le poids de la responsabilité (1), engagé chaque jour dans des luttes qui exaltent au plus haut point le sentiment de l'amour-propre, l'avocat est obligé de se montrer tout entier ; il faut qu'il apparaisse tel qu'il est, avec les qualités et les défauts de son esprit aussi bien que de son caractère ; mais un avocat ne peut être bien jugé que par ses pairs ; aussi les réputations exagérées au dehors sont elles ramenées au Palais à leur plus rigoureuse expression.

C'est là qu'il est difficile de réunir les suffrages ; l'opinion n'y proclame que ceux dont le talent est incontestable. M° Sénart jouit au barreau d'une réputation qui lui assigne une place exceptionnelle ; d'autres peuvent avoir plus d'éloquence, plus d'élévation, plus d'éclat. Quant à lui, c'est le génie processif incarné, c'est le type même de l'avocat ; il est comme le dernier de cette antique race dont descendaient les Pail'et et les Dupin. Hommes opiniâtres et loquaces, habiles procéduriers, jurisconsultes pratiques, amoureux de la science,

---

(1) Responsabilité toute morale et toute volontaire sans doute, mais dont les liens ne sont que plus étroits, car il n'y a rien d'aussi fort que les devoirs que l'on s'impose.

connaissant tout, les lois, les textes, la jurisprudence et les traditions ; disciples à peine dégénérés des Antoine Lemaître et des Patru.

Comment donner une juste idée de ce talent, si fort et si élastique, qui joint la spontanéité au calcul, les ressources d'esprit les plus étendues à la logique la plus rigoureuse comme la plus subtile ?

Ce qui caractérise avant tout M⁰ Sénart, c'est *le sens des affaires,* mot qu'il ne faut pas prodiguer, car il implique une véritable faculté, faculté extrêmement rare qui donne la clef de tous les intérêts matériels, permet de s'assimiler toutes les questions, de percevoir tous les moyens de droit qui peuvent se trouver au fond d'un procès, de saisir et de discuter le principal point litigieux (1).

M⁰ Sénart procède d'une manière qui lui est propre dans la préparation de ses affaires. C'est

(1) C'est l'éloge que l'éditeur des *Œuvres de Cochin* adresse à ce grand avocat, dans une préface qui est un des meilleurs morceaux de critique que l'on puisse consulter :

« Ce qui est vraiment de son invention, c'est de réduire quelque cause que ce soit à un unique point de controverse. Le procès le plus chargé de conclusions, le plus compliqué d'événements et de procédures, le plus hérissé de difficultés, il en a sondé la source, redressé les circuits, tari les superfluités, et réuni le surplus dans un

en tête à tête avec le client qu'il élabore sa plaidoirie ; il lui fait raconter de point en point son affaire, sans omettre un seul détail ; il entend ses doléances, les encourage, le presse de questions, l'oblige à tout éclaircir, s'empare des mots, des traits qui lui échappent, l'exprime enfin de toutes les manières ; et, c'est quand il est ainsi saturé de la cause, quand il est entré dans toutes les idées et dans toutes les passions de son client qu'il arrête le dessin de sa plaidoirie : méthode admirable, qui fait de lui un écho si vivant et si fidèle des intérêts qu'il défend. Il discute tout pied à pied, sans précipitation, peu préoccupé du temps qui s'écoule et de l'impatience du juge, se répétant volontiers, car c'est son principe, qu'il ne faut pas craindre les redites quand elles peuvent conduire à la clarté. Combien de fois le juge n'est-il pas préoccupé ou distrait ? Combien de fois une démonstration ne lui échapperait-elle pas si elle n'était ramenée sous d'autres formes

même courant aboutissant à un seul et unique terme ; nul autre ne s'était fait cette loi avant lui : fidèle observateur de l'unité de sujet, tant recommandée aux poëtes et tant violée par le grand nombre, c'est toujours une seule proposition qu'il soutient, et de là vient la clarté ravissante de ses discours. » (*Œuvres de Cochin.* Paris, MDCCLI ; p. xiiij, préf.)

devant son esprit? Armé d'un jugement pénétrant, d'une argumentation qui se prête aux plus vastes affaires comme aux plus petites, habile à se résumer comme à s'étendre, maniant la langue des affaires avec une facilité admirable, tantôt il tranche en quelques mots décisifs une question de droit, tantôt, déployant sa vaste fécondité, il s'élargit, il s'épand, il submerge tout comme la marée quand elle monte ; son adversaire flotte comme un esquif sur les flots de sa plaidoirie.

Préoccupé, avant tout, d'être utile à son client, de servir ses intérêts, il ne plaide jamais que la cause, le fait, le droit (1) ; peu lui importe,

(1) Que l'on nous permette, à ce propos, de rapporter une allégorie ingénieuse qui nous fut un jour racontée par un membre éminent du barreau, qui la tenait lui-même d'un vieil avocat de province.
« Un avocat, disait-il, est un homme à qui on bande les yeux et à qui on met un marteau dans la main, en lui disant de frapper sur un clou qui se trouve au milieu d'une planche placée en face de lui. L'avocat frappe de toute ses forces sur cette planche qui retentit ; il redouble ses coups, et le public d'admirer sa vigueur et le bruit retentissant que fait son marteau ; mais quand on regarde la planche de près, on voit que le clou est toujours là et qu'il ne l'a point enfoncé. » Le clou c'est le point qui est à plaider, le bruit du marteau c'est l'éloquence. « Il y a peu d'avocats qui enfoncent le clou, » disait Me *** en terminant ; c'est-à-dire qu'avec beaucoup de talent il y a peu d'avocats qui plaident les moyens de leurs causes.

dès lors, les recherches du style oratoire ; il n'a besoin d'aucun effort pour parler juste et bien ; son style est négligé (1), mais clair, facile, expressif, pittoresque ; il n'est pas long, il est abondant, son cours est large comme celui de ces fleuves magnifiques qui traversent les contrées de l'Amérique.

Quand il est prolixe, quand il paraît diffus, c'est qu'il veut fatiguer son adversaire et gagner du temps. Quelles ressources d'esprit et quel sang-froid, quelle indomptable réplique ! *Il m'étonne toujours*, disait un de ses confrères qui s'était mesuré vingt fois avec lui et connaissait pourtant toutes ses *involutions*. On ne le terrasse jamais, c'est à peine si on peut l'ébranler ; les arguments dirigés contre lui, il se les approprie et vous les renvoie ; on le presse, on le serre, on croit le saisir, c'est Protée, il échappe.

Persuasif, convaincant, plein de rondeur et

---

(1) Il y a des avocats dont les plaidoiries gagnent à être reproduites; telles sont celles de Me Jules Favre qui apparaissent avec la pureté et la correction d'un morceau littéraire. Il en est d'autres que la reproduction ne peut qu'affaiblir à cause de l'incorrection du langage, telles sont celles de M. Sénart et de M. Berryer. Les sténographes ont un mot très-amusant pour exprimer ces écarts qui augmentent beaucoup les difficultés de leur tâche. *Il parle comme un cheval*, disent-ils.

d'apparente franchise, il circonvient, enveloppe, investit le juge, qui ne peut s'en défendre tant est grand l'art avec lequel il sait présenter ses moyens ; car il a le don fatal de l'habileté. Comment ne pas le croire, quand on lui voit tant de bonhomie, tant de simplicité ; quand sa voix monte et descend, tonne et détonne avec des accents si convaincus et si chaleureux ; quand il parle d'un ton si paterne ; quand son œil, gris et rayé comme celui des chats, accuse tant de confiance et d'abandon. Il a des accents, des retours, des traits imprévus qui désarment, qui dérident, qui vous laissent sans forces. Un jour, il plaidait pour un romancier dont le livre (1) était poursuivi pour outrage à la morale religieuse ; les juges gardaient un front sévère. « Malheureux père ! s'écrie tout à coup Mᵉ Sénart dans un moment où il démontrait que ce roman était innocent, et moi qui ai donné ce livre à lire à ma fille ! »

Quelle humeur railleuse ! quel naturel et quel esprit de charge ! De quel ton et de quelle voix il drape un adversaire ridicule ! Quelle énergie aussi quand il le faut, et quelle haute raison ! Le jurisconsulte reparaît tout entier dès

---

(1) *Madame Bovary,* de M. Gustave Flaubert.

qu'une grande question de droit vient à se poser devant lui.

A l'audience son masque est d'une bonhomie impassible; il est inutile de chercher à surprendre le secret de ses impressions; il hoche la tête à tous les arguments de son adversaire. Dans les passages qui touchent à fond, il est immobile ou il applaudit du geste comme si ce que dit son contradicteur venait à l'appui de sa thèse; il ne faut pas même que le juge puisse être influencé par l'expression de son visage. Un jour son sang-froid fut mis à l'épreuve dans une circonstance redoutable. Il plaidait à la Cour d'assises pour un homme accusé d'un crime qui pouvait le conduire au supplice. Au milieu de débats très-longs et très-contradictoires, le président adressa tout à coup à l'accusé une de ces questions dont dépendent parfois la vie ou la mort d'un homme. Tout le monde écoutait avec angoisse. L'accusé fit une réponse accablante pour lui. « J'en était sûr! » s'écria M⁰ Sénart en se levant par une sorte de mouvement spontané, comme si la réponse de ce malheureux eût fait éclater son innocence. Un changement se peignit sur tous les visages, et M. Sénart, en plaidant sur l'incident, fit acquitter son client.

V

Dans la vie privée, M. Sénart est la simplicité même ; sa courtoisie et sa bienveillance ne mesurent les égards à personne. Dévoué à ses amis, généreux, peu attaché à la fortune, il n'a la main fermée que quand il s'agit de l'intérêt de ses clients.

M. Sénart est de grande taille ; il a la prestance belle, la tête diplomatique avec des cheveux blancs qui enveloppent avec soin un front haut et découronné ; le grand ovale de son visage est un peu lourd par en bas, mais tous ses traits sont d'une belle expression ; ses yeux gris bleus, à rayures circulaires, ont une aimable expression de vivacité, de finesse et de bonhomie. Sa bouche, si éloquente, se ferme, en forme de sac, comme celle de Voltaire.

Paris, le 26 janvier 1683.

M. MARIE

Notre époque a ceci de particulier qu'elle a vu arriver au pouvoir une rare diversité d'hommes. Le *journalisme* nous a donné M. Thiers, la *poésie*, M. de Lamartine, l'*astronomie*, M. Arago, la *banque*, M. Fould (1); le Palais nous a donné M. Marie, comme il nous avait donné M. Crémieux dont nous avons parlé dans une précédente esquisse.

Chez Me Marie comme chez Me Crémieux, il y a donc deux hommes distincts : l'homme politique, l'orateur. Du premier, nous ne dirons qu'un mot, le second seul nous arrêtera un moment.

M. Marie est né en 1795, au moment où la France, délivrée du régime de la Terreur, en-

---

(1) Ce grand restaurateur des finances françaises.

trait dans la phase politique du directoire et était en travail d'une troisième constitution (2).

Sur un des embranchements du chemin de fer de Paris à Lyon, on rencontre une petite ville aux maisons de bois peintes, aux vieilles basiliques, qui reste comme un débris vivant du moyen âge : c'est Auxerre. C'est là qu'est né M. Marie; c'est là qu'il fit ses premières études. Les hommes qui sont appelés à faire du bruit dans le monde sont généralement d'assez mauvais écoliers, le jeune Marie fit exception à cette règle; au collége c'était ce que l'on appelle un *piocheur;* il eut des prix, il en eut même beaucoup. Porté vers les études du droit par la pente de son esprit clair et analytique, il se fit inscrire au barreau de Paris en 1819. Mais, ne visant alors qu'au professorat, il concourut pour une chaire de droit. Il avait passé les plus brillants examens, et ses amis ne doutaient pas qu'il ne sortit victorieux du concours. Il n'en fut rien cependant; ses opinions politiques avaient été signalées, et le gouvernement de la Restauration, qui ne se souciait pas de

---

(2) C'était peut-être la quatrième ou la cinquième, l'auteur n'est pas bien sûr de son compte.

nommer des professeurs hostiles à son pouvoir, fit échouer sa candidature (1).

Ce fut un bonheur pour lui, car il entra au barreau, dont il devait être une des plus grandes renommées.

Il n'était pas alors, il s'en faut beaucoup, aussi difficile qu'aujourd'hui de se faire un nom au Palais et d'y gagner quelque argent. Pourtant Mᵉ Marie eut à traverser des moments difficiles. Comme Berryer, comme Paillet, comme tant d'autres, il n'avait pas de fortune, et c'est à la force du poignet qu'il fut obligé de soutenir à Paris. Il faut avoir essayé du barreau pour savoir quelles sont les épreuves qui attendent un avocat à ses débuts. Soupirer après des clients que l'on ne voit qu'en rêve ; attendre des affaires qui ne viennent pas, ne pas plaider quand on est possédé de l'amour de son art, quand on sent palpiter en soi toutes les forces, toutes les ambitions, tous les besoins, c'est un supplice oublié par le Dante. Il n'y a pas de

---

(1) Le peu qui reste d'indépendance au sein de l'Université se retrouve peut-être exclusivement dans les chaires de droit. Issus du concours, participant en quelque sorte à l'inamovibilité de la magistrature, les professeurs des écoles de droit honorent, en général, leurs fonctions par la dignité de leur vie et de leur caractère.

caractère qui ne se brise, pas d'âme si bien trempée qui ne s'affaisse bientôt dans le découragement pour peu que ces angoisses se prolongent (2). M⁰ Marie faillit succomber : la gêne était à sa porte ; il allait dépouiller en la maudissant cette robe qui est comme la tunique de Nessus pour ceux qui l'ont une fois prise. Un de ses amis le retint ; quelque circonstance heureuse comme il en arrive à ceux qui persévèrent, vint le sauver. C'était le temps des procès politiques ; il lui en tomba un ou deux sous la main ; il se fit connaître et s'imposa. Jamais, du reste, les circonstances n'avaient été aussi favorables pour faire son chemin au barreau, si toutefois on peut s'exprimer ainsi en parlant des douloureuses convulsions qui agitèrent les premières années du règne de Louis-Philippe : chaque jour des complots, chaque jour des émeutes, des attentats ; chaque jour des procès de presse retentissant devant le jury : triste spectacle de nos discordes civiles, au sein desquelles un régime réparateur avait fini par s'asseoir pourtant.

(2) C'est là, si on peut le dire, le côté dramatique de la profession. Ces mêmes idées se trouvent reproduites, avec plus de force et de développement, dans les études *Laërte* et *Mathieu*, qui sont postérieures en date à cette notice biographique qui est, on le voit bien, fort superficiellement écrite.

Lors de l'attentat Fieschi, Mᵉ Marie plaida pour Pepin; il plaida pour les accusés de juin, et dans une foule d'autres procès célèbres, qui firent enfin sa réputation.

Sans être précisément ambitieux, Mᵉ Marie avait cependant un certain amour du pouvoir et une certaine aptitude à s'y maintenir; il avait su se faire beaucoup d'amis parmi les hommes les plus éclairés du parti républicain, et quand la monarchie de juillet vint à tomber, il se trouva des premiers sur la brèche ouverte par les coups de l'insurrection; c'est lui qui, dans la séance du 24 février, monta le premier à la tribune au milieu du tumulte de l'assemblée pour réclamer un gouvernement provisoire, dont il devait faire partie.

Il eut le privilége de pouvoir rester aux affaires longtemps après que le vent populaire en eut balayé ses collègues. Ministre des travaux publics pendant la tenue de l'Assemblée, qui s'était appelée *constituante* (1); président de l'Assemblée législative, il passa ensuite au ministère de la justice, où il resta jusqu'à l'élection présidentielle.

(1) Sur la manie de forger des constitutions, et sur leur vanité. (Voy. étude *Dufaure*, p. 43 et 44.)

N'ayant pas été réélu depuis cette époque dans les assemblées, il disparut de la scène politique avec les hommes de son parti, et rentra dans le sein du barreau, qui est comme une grande famille pour tous les naufragés du pouvoir (1).

(1) Dans l'*Indépendance* du 30 janvier dernier, on lisait l'entrefilet suivant :
« On raconte que M⁰ Marie, l'illustre avocat et ancien ministre du gouvernement provisoire de la République, a dû récemment, au nom d'intérêts privés dont il était chargé, demander une audience à l'Empereur. Elle lui a été accordée immédiatement. L'entrevue s'est circonscrite, de la part de M⁰ Marie, à l'objet spécial de sa demande; mais l'Empereur a donné à ce sujet, à M⁰ Marie, toutes les marques d'estime que cet ancien ministre avait droit d'attendre, et a voulu s'entretenir longtemps avec lui. Sa Majesté, assure-t-on, aurait manifesté à M⁰ Marie l'envie qu'elle portait aux gouvernements qui l'ont précédée, et qui ont eu successivement à leur disposition une foule d'hommes considérables, aujourd'hui disparus du monde ou éloignés des affaires, et dont l'absence a laissé, dans la politique du pays, un vide qui ne paraît pas toujours facile à combler. »
L'honorable avocat aurait pu répondre au chef du gouvernement que, quand il croirait le moment venu de réaliser ses promesses et de rendre seulement à la France les libertés politiques de l'*acte additionnel,* il retrouverait sans peine le concours des hommes capables et intègres qu'il paraissait envier aux gouvernements qui l'ont précédé.
A quelques jours de là, l'*Indépendance* rectifiait cette note en annonçant que cette audience se plaçait à une date très-antérieure. L'*Indépendance* ajoutait que cette rec-

Comme orateur, M⁰ Marie semble tenir, par les formes de son talent, plus de la tribune que du barreau, et c'est une bizarrerie, car il n'a jamais eu qu'une figure assez effacée comme tribun, tandis qu'il s'est fait un grand nom au barreau ; on pourra dire de lui qu'il était avocat à la Chambre et parlementaire au Palais.

Quand il plaide, M⁰ Marie se campe, s'établit comme à poste fixe devant le tribunal ; on comprend que rien ne pourra le déloger qu'il n'ait fini sa harangue ; on n'aurait pas même l'idée de l'interrompre, tant il présente de vigueur et d'assurance dans son aspect, de fermeté dans son langage. Il a généralement sa toque enfoncée sur sa tête, ce qui contribue à lui donner un air invulnérable ; son mouvement habituel est d'ôter et de remettre des lunettes, dont il s'affuble, on ne sait trop pourquoi, quand il plaide, car personne ne lui en a jamais vu porter hors du Palais. Ces lunettes font merveille quand il les détache de son visage et les dépose sur son dossier, au moment d'entrer dans une de ces magnifiques improvisations qui lui sont familières, et dont

tification pouvait avoir son importance dans un moment où la candidature de M⁰ Marie aux prochaines élections paraissait devoir se confirmer.

la savante méthode n'est pas ce qu'il y a de moins remarquable (1). M⁰ Marie n'a qu'un défaut, fort léger assurément, dans l'énonciation, c'est un grasseyement diabolique quand il a le malheur de tomber sur des mots qui renferment des *r;* son larynx ne peut supporter cette consonne, qui en sort toujours avec quelque difficulté, surtout quand elle se combine avec certaines autres lettres. Ainsi pour dire M. *Gueroult*, il dit M. *Groult;* pour dire *paradoxe*, il dit *pardoxe;* mais que signifient ces imperceptibles défauts oratoires dans un talent comme le sien? nous ne les notons que pour particulariser ces notices biographiques, qui sont plutôt des coups de crayon que des portraits.

M. Marie a une figure singulièrement expressive, l'œil petit et clair, la bouche sardonique et serrée, les joues fortement plissées, un côté du visage semé de pois chiches, ce qui lui donne je ne sais quoi de vivace et de gaillard. L'âge n'a pas plus appesanti son corps que son

---

(1) L'éloquence de M⁰ Marie a une sorte d'élévation et d'emphase philosophiques. Il excelle dans les questions de droit public, qu'il traite avec un grand appareil, qu'il dégage avec beaucoup de précision d'ailleurs; mais sa parole est souvent d'un faste exagéré, souvent il est vague et sonore.

talent; sa nuque est sèche et solide; sa taille est droite comme un chêne; elle ne plierait pas, elle casserait.

Nous n'avons plus qu'un mot à ajouter. M⁰ Marie a été deux fois bâtonnier : en 1841 et 1842; depuis son élection, comme membre du conseil, il n'a jamais cessé d'en faire partie (1); c'est qu'il représente les plus pures traditions et les plus inflexibles principes. Son dernier éloge est celui-ci : il est désintéressé et il n'est pas riche.

Paris, 14 juin 1862.

(1) Les anciens bâtonniers font de droit partie du conseil; c'est un honneur qui leur est légitimement dû, et qui donne, d'ailleurs, autant d'autorité que d'éclat à cette assemblée.

M. CRÉMIEUX [1]

Orateur, jurisconsulte, homme politique, Mᵉ Crémieux appartient à la pléïade illustre des avocats de cette époque qui, après avoir occupé les plus hautes fonctions publiques, sont rentrés avec la simplicité des hommes antiques dans les rangs du barreau, où ils demeurent comme environnés d'admiration et de respect.

Mᵉ Crémieux est né à Nîmes, en 1796, de

---

(1) C'est par cette courte notice que l'auteur a commencé ces études, qui se sont développées peu à peu et ont pris en dernier lieu le caractère et la forme de celles que l'on vient de lire. La grande école oratoire, à laquelle Mᵉ Crémieux appartient, et son envergure, comme orateur, comportaient une étude capitale; le temps nous a manqué pour la faire, nous n'y renonçons pas.

parents israélites, réunissant ainsi, par un' rare privilége de la nature, les qualités solides de la forte race dont il descend, à l'ampleur et à la richesse d'imagination des hommes du midi.

Ses débuts dans sa ville natale donnèrent vite la mesure de son talent et de son caractère. Quand les provinces méridionales de la France, ensanglantées par les fureurs de la réaction qui avait suivi la chute de l'empire, tremblaient sous le poignard des sicaires de la contre-révolution, seul il osa un jour, en plein tribunal, dénoncer Trestaillon, le chef des assassins du Midi, donnant ainsi l'exemple d'un courage qui ne doit pas plus abandonner l'avocat sous sa toge que le soldat sous les armes devant l'ennemi.

La célébrité vint le chercher de bonne heure, et quoique bien connu pour ses opinions libérales, il eut cette faveur d'être apprécié tout aussi bien par les hommes de la Restauration que par le parti républicain; c'est ce qui lui valut l'honneur d'être appelé à défendre devant la cour des pairs M. de Guernon-Ranville, un des ministres de Charles X, que le régime nouveau fut dans la nécessité de laisser mettre en accusation pour donner satisfaction aux ressentiments populaires (1).

Pour un talent d'un ordre aussi élevé que celui de Mᵉ Crémieux, il ne pouvait y avoir qu'un théâtre, c'était Paris. Il vint y servir la cause du libéralisme dans les nombreux procès de presse qui signalèrent les premières années de la monarchie de Juillet. On le vit plaider pour le *National*, pour la *Tribune*, pour les accusés d'avril. Enfin, il se fixa pour toujours à

---

(1) On sait ce qui arriva à M. Crémieux dans cette mémorable séance : M. Sauzet venait de plaider pour M. de Chantelauze. M. Crémieux, à qui la parole fut donnée après lui, s'évanouit au début de sa plaidoirie ; cet incident est ainsi raconté par M. Louis Blanc dans son *Histoire de Dix Ans* :

« M. Sauzet reprit et acheva, dans l'audience du 29, sa plaidoirie que, la veille, la fatigue avait suspendue. M. Crémieux lui succéda, et laissa voir, en élevant le bras, l'uniforme du garde national caché sous la robe de l'avocat. L'inquiétude, au reste, était sur tous les visages, et les juges faisaient pour cacher leur préoccupation des efforts qui la rendant plus alarmante. M. Crémieux avait commencé sa plaidoirie par ces mots : « Il faut que je parle, » et j'écoute encore. » Son discours, d'abord substantiel et logique, s'était insensiblement élevé à une poésie touchante et vague... Tout à coup sa voix s'éteint ; il chancelle : on le transporte évanoui dans la salle voisine. Toute l'assemblée est debout. On croit entendre un bruit sinistre... c'est le tambour qui annonce l'insurrection. » (Louis Blanc, *Histoire de Dix ans*, t. II. p. 204.)

Paris en achetant, à la Cour de cassation, la charge de M. Odilon Barrot, qui devint, entre ses mains, le premier office de cette Cour. C'est pendant cette période qu'il publia le *Code des Codes*, ouvrage de droit de la plus grande valeur, et acquit cette vaste connaissance des affaires qui fait de lui le premier jurisconsulte du barreau français. Descendu du pouvoir après la Révolution de 1848, il reprit au barreau la place qu'il y avait marquée par de si éclatants succès. Orateur aux formes puissantes, en même temps que homme de cabinet, il plaide aussi rigoureusement en droit qu'éloquemment en fait; on sait que dans l'affaire Mirès c'est lui-même et lui seul qui rédigea les conclusions si fortement motivées devant lesquelles vint se briser l'arrêt de la Cour impériale de Paris, dont la cassation entraîna l'acquittement de son client.

Qui n'a vu Mᵉ Crémieux à la tribune ou au Palais, qui n'a entendu les accents de cette ferme éloquence, dédaigneuse des *fioritures* inutiles et qui, par cela même, rappellerait plutôt l'école de Démosthène que celle de Cicéron? Crémieux n'est sûrement pas beau à la façon d'Antinoüs; il a un de ces masques abruptes comme en sculptaient les artistes romains.

Un dernier trait : c'est sa bienveillance, sa cordialité avec les jeunes hommes du barreau; il est sans morgue, sans hauteur, simple et facile comme les hommes vraiment grands.

Paris, le 30 mai 1862.

SECONDE PARTIE.

DE

L'ÉLOQUENCE JUDICIAIRE

I

Quand on jette les yeux sur l'histoire générale de la littérature, la chaîne des temps se renoue sans effort, et l'on voit apparaître la filiation profonde qui lie le monde ancien au monde moderne; mais une observation frappe alors l'esprit, c'est que dans le domaine de l'art et de la pensée aucune originalité n'appartient, pour ainsi dire, aux temps nouveaux.

A travers le génie particulier des langues et des races, la différence des mœurs, la transformation des peuples, le bouleversement et la chute des empires, la barbarie et la renaissance des arts, on n'aperçoit qu'une seule civilisation dont l'influence persévère toujours : c'est la civilisation antique (1), dont l'empreinte se retrouve partout et qui a façonné le monde moderne; spectacle frappant à coup sûr que celui de deux nations uniques qui ont servi de type et de modèle au reste de l'univers! Tous les peuples de l'Europe ont subi, plus ou moins, l'influence de l'antiquité ; l'Angleterre a retenu les institutions de la cité romaine et son astucieuse politique (2); mais c'est en France que

---

(1) Personnifiée dans Athènes et dans Rome.
(2) Bien différente de la nôtre, à coup sûr, qui n'est qu'une perpétuelle *chevalerie* exercée au profit des autres nations contre nos propres intérêts. Le *gesta Dei per Francos* est devenu une monomanie qui justifie les entreprises les plus aventureuses, et qui, depuis quelques années sert à détourner l'esprit public des questions autrement plus pressantes de la politique intérieure. A ce propos, un mot assez piquant a couru dernièrement dans les ambassades; c'était dans les premiers jours de l'insurrection Polonaise, lorsque le gouvernement français faisait tous ses efforts auprès de l'Empereur de Russie, pour l'engager à retirer la loi sur le recrutement en Pologne. « Vraiment ces Français sont étonnants, aurait dit l'empereur Alexandre, dans un moment d'humeur, à quelques-uns de ses officiers, on a mieux à faire en France que de se mêler des affaires intérieures de la Russie; on me prend pour un tyran là-bas; j'ai affranchi les serfs, qu'on en fasse autant à l'égard des Français. »

le génie d'Athènes et de Rome s'est plus particulièrement incarné ; il a formé notre langue, il a pénétré dans nos lois, dans nos mœurs, dans notre littérature, c'est le même goût et la même supériorité dans les arts; un trait surtout entre mille, parce qu'il se rattache plus particulièrement à l'objet de ces études, ce sont les aptitudes oratoires, la passion de l'éloquence qui semblent se retrouver en France au même degré que dans l'antiquité (1).

(1) Un des livres les plus intéressants à faire et des plus instructifs en même temps, serait, à coup sûr, celui qui serait intitulé : *De l'Influence d'Athènes et de Rome sur la civilisation française*. On verrait à quel point la personnalité du génie français est empruntée à l'antiquité. Tous nos systèmes philosophiques sont renouvelés des philosophies grecques. Notre théâtre est grec malgré quelques efforts impuissants pour le rendre national ; notre architecture est grecque et romaine; nos lois sont empruntées aux textes romains; nos théories de République, de Démocratie et d'Empire sont grecques et romaines; il est curieux de voir, pendant la Révolution de 1793, les efforts grotesques des Jacobins pour singer les allures, le langage, et jusqu'au costume antique. C'est Athènes et Rome qui ont fait toutes nos révolutions, ce sont elles qui les feront encore; — jusqu'à la Restauration, la poésie française ne marcha qu'avec le cortége de la mythologie, et l'on était peu propre à la conversation du monde et des salons si l'on ne savait bien son *Dictionnaire de la Fable*. — Au surplus, rien n'est plus éternellement jeune que le monde antique ; quand

II

« L'éloquence, » dit M. Villemain dans ses admirables leçons de littérature que la postérité recueillera, « était quelque chose de plus
» grand et de plus sacré que chez nous ; elle
» était la première *sauvegarde* et la première
» puissance. »

Ce culte dont elle était l'objet dans l'antiquité (1), cet éclat qui continue de l'environner

---

on lit Aristophane, Cicéron, Horace, Tacite, Juvénal ou Térence, c'est l'histoire de nos jours qui semble apparaître ; c'est la peinture de nos vices et de nos ridicules ; c'est le spectacle de nos discordes civiles. Le théâtre seul est changé.

(1) « A Rome, dès que l'enfant commençait à bégayer, la sollicitude paternelle interrogeait avec anxiété ses premières articulations, comme pour y découvrir le secret de son avenir oratoire. Il parlait à peine que déjà on s'attachait à faire disparaître les vices de prononciation,

chez toutes les grandes nations modernes et qui résiste encore en France à l'anéantissement de l'esprit politique, ne s'explique pas seulement par le prestige qu'exerce le merveilleux talent de la parole; s'il en était ainsi, ce ne serait qu'une faculté brillante faite pour le plaisir des oreilles et le divertissement de l'esprit. Il y a bien autre chose dans le secret de sa puissance; c'est que l'éloquence est le plus grand instrument de civilisation et de liberté que les peuples aient à leur disposition. Son domaine est aussi vaste que les passions et que les intérêts, et elle se trouve partout pour les diriger ou les conduire : à la tribune, elle soutient les droits publics et guide le législateur; au barreau, elle défend les droits privés; dans la chaire, elle entretient et exalte la foi, mission sublime que la religion lui a confiée et qui est

---

à diriger la position de la figure, le mouvement des lèvres, l'attitude de la tête. Bientôt des maîtres de palestrique recevaient la mission de corriger les mauvaises dispositions du geste, d'imprimer de la grâce au développement des bras et au mouvement des mains, de la noblesse à la tenue, de l'harmonie à toutes les parties du corps; c'est qu'il ne tombait pas sous le sens qu'un Romain, dans une condition libérale, ne voulut pas destiner ses enfants au barreau. »

(*Le Barreau romain*, par M. Th. Grellet Dumazeau, p. 35.)

l'âme du prosélytisme chrétien (1); il n'est point jusque dans les camps où sa voix ne puisse se faire entendre en suscitant, par quelque accent inspiré, l'héroïsme du soldat (2).

(1) Le paganisme n'avait pu songer à mettre l'éloquence au service d'une religion qui n'était que la déification du matérialisme; c'est une idée qui ne pouvait naître que sous l'influence du spiritualisme chrétien.

(2) Chez les anciens, l'éloquence militaire jouait à la guerre un rôle considérable; le général ne livrait aucune bataille sans haranguer ses troupes, et c'est par ignorance que quelques critiques superficiels se sont imaginés que les discours que nous lisons dans *Tite-Live*, dans *Thucydide* ou dans *Hérodote* n'ont pas été prononcés; non-seulement ces discours ont été prononcés, mais il est probable qu'ils avaient presque tous été composés, préparés, écrits même avant le combat, ainsi que les anciens avaient l'habitude de le faire pour les discours qu'ils prononçaient à la tribune et qui étaient rarement improvisés; c'est ainsi que les harangues militaires de ces généraux ont pu se conserver et se transmettre. Ces allocutions étaient d'ailleurs essentiellement conformes aux institutions et aux habitudes de la vie civique. Les troupes n'étaient pas, comme aujourd'hui, des masses disciplinées qui ne se meuvent que par le tempérament et par l'obéissance; chaque soldat était un *citoyen*, en ce sens qu'initié à la vie politique et publique, il était en état d'apprécier par lui-même toutes les considérations qui lui étaient soumises, et avec lesquelles il était même nécessaire de le convaincre et de l'entraîner; on comprend que tous ces discours n'auraient rien d'approprié dans la bouche des généraux modernes; on se borne à quelques ordres du jour laconiques qui n'expliquent rien et ne doivent rien expliquer, qui agissent, non sur la

Mais c'est de plus près, et surtout au point de vue politique, qu'il faut examiner l'influence de l'éloquence ; elle est aussi nécessaire dans un État que la lumière l'est à la vie. Il ne suffit pas pour la prospérité matérielle et morale d'une nation, pour le maintien de son intégrité et le progrès (1) de sa civilisation, que le dépôt des lumières se trouve recueilli et consigné dans l'immense profondeur des livres. C'est là, si l'on peut s'exprimer ainsi, du *savoir inanimé* et de l'*expérience morte*. Il faut que toutes les idées morales et politiques, qui représentent la civi-

---

raison, mais sur la fibre du soldat ; cependant, plus d'une allocution rapide, plus d'un trait d'éloquence est resté de nos jours dans la mémoire des camps, après avoir électrisé le soldat devant l'ennemi. Le fameux mot : « Du » haut de ces pyramides, quarante siècles vous con- » templent ! » devait faire un héros du dernier sergent qui l'avait compris.

(1) C'est encore là un de ces mots vide et creux au service des humanitaires, et qui ne signifie rien dans le sens qu'ils lui donnent habituellement ; il n'y a pas pour les peuples de progrès indéfini ; il n'y a pour eux, comme pour les individus, que la naissance, la vie et la mort. Le progrès ne consiste pas toujours à marcher en avant, mais à se maintenir le plus longtemps possible dans les conditions avantageuses où l'on se trouve placé, à rester dans la position où l'on est et à s'y affermir. A ce point de vue, le progrès consisterait quelquefois à reculer.

lisation d'un peuple, soient résumées dans quelques têtes afin de pouvoir se manisfester sur toutes les questions qui touchent à ses intérêts essentiels, et il faut qu'elles empruntent la forme la plus saisissante et la plus propre à agir sur l'esprit des hommes dans la discussion des intérêts publics. Voilà un des côtés pratiques de l'éloquence, et c'est dans le sein des assemblées politiques que ce rôle lui est réservé (1).

(1) Aussi, pour ne parler que de ce qui nous concerne, le renouvellement de la chambre actuelle soulève-t-il, à ce point, des questions dont la gravité commence à frapper les esprits. Un écrivain, dont les opinions sont problématiques, mais dont la plume n'a rien perdu de son ancienne vigueur *, s'exprimait dernièrement ainsi à ce propos :

« Oui, il y a de graves problèmes posés.
» Non, l'éloqence ne suffit pas pour les résoudre, disait-
» il en répondant au rédacteur en chef d'un autre journal
» qui patronnait sa propre candidature, en parlant avec
» assez de dédain de l'éloquence.
» Mais lequel vaut le mieux, de les enterrer en silence
» ou de les débattre avec éclat? Lequel vaut le mieux de
» nommer des croque-mots, des croque-questions, tels que
» MM. H*** et C***, ou de nommer des orateurs ayant la
» France et l'Europe pour échos?
» Telle est la question que nous avons eu l'audace de
» soulever et que nous avons l'obstination de maintenir.

* M. Émile de Girardin.

L'éloquence de la tribune exerce dans l'État comme des fonctions de haute police, elle dénonce les abus, traduit les plaintes, exprime les besoins, éclaire le gouvernement dans sa marche ; c'est elle qui parle au nom de la nation et qui l'avertit. Un grand peuple, en effet, dans son ensemble ne voit rien et ne sait rien par lui-même ; dans les états dont la constitution laisse le moins de prise à l'arbitraire ; il est obligé de confier des pouvoirs exorbitants à ceux qui gouvernent ; si la parole est étouffée, il ne sait plus où on le conduit ; se figure-t-on ce que c'est qu'un état dans lequel l'éloquence est est opprimée et où nulle grande voix ne peut plus se faire entendre? Le patriotisme s'en va avec la liberté, le despotisme se montre et l'arbitraire à sa suite. Le silence couvre de sombres

Après cette première question, tranchée dans notre sens, serait venue cette seconde :
» Quels orateurs choisira-t-on? Les demandera-t-on
» aux anciennes assemblées, à l'ancienne Chambre des
» députés, à l'ancienne Chambre des Pairs, à l'Assemblée
» constituante de 1848, à l'Assemblée législative de 1849,
» ou les demandera-t-on au jeune barreau, qui a déjà fait
» ses preuves, en donnant au Corps législatif MM. Emile
» Ollivier et Ernest Picard ? » (*Presse* du 28 mars 1863.)
La réponse était facile et le bon sens public l'a faite :
il faut en demander à tous les partis, pourvu qu'ils envoient des hommes libres et décidés à prendre leur rôle au sérieux.

iniquités, des plaies monstrueuses se forment dans les replis de la société ; les caractères s'avilissent ; des hommes qui ont traîné dans la corruption surgissent et constituent des tyrannies à côté de celle du maître.

Le silence de la tribune devient partout le signal du silence, et c'est pendant ce temps que le despotisme accomplit son œuvre souterraine. Toutes les lois fondamentales sont violées par des décrets de la puissance exécutrice ; le souverain bouleverse l'État pour se maintenir. Tous les actes de l'autorité sont empreints de machiavélisme et faits au profit de l'autorité contre le pays (1) ; les hautes magistra-

---

(1) Aristote, qui est plus fort que Machiavel en politique et auquel le secrétaire de la République Florentine a peut-être trop fait d'emprunts, a écrit ce qui suit sur le machiavélisme des gouvernements despotiques : « Qu'il ait » (le tyran) l'art de prendre habilement le masque de la » vertu, qu'il sache établir l'opinion de son habileté dans » les affaires ; qu'il ait l'adresse de captiver les grands en » évitant de leur confier de trop grands pouvoirs ; qu'il » sache se faire respecter ; qu'il paraisse faire usage de la » fortune publique, moins par sa puissance que par l'avan-» tage de ses sujets : Ceux-ci pourront supporter un pa-» reil gouvernement, surtout si le tyran à l'art de leur laisser » croire qu'ils sont libres en cachant les chaînes dont il » les tient garottés pour s'assurer de leur obéissance. »
Aristote (*la Politique*).

tures fléchissent; les grands corps de l'État sont gangrénés jusqu'aux os ; les mandats gratuits sont salariés, afin que ceux qui les remplissent soient dans la dépendance du souverain. La cupidité remplace tout, l'impudence est une vertu, l'esprit public disparaît. On souffre le pouvoir par apathie, mais on le méprise et ou le hait. Au milieu de ce relâchement profond, des forces vitales, la société ne se sent plus, mais si l'on ne se réveille c'est la mort, car le despotisme a tout anéanti pendant son règne dévorant.

Voilà ce qui peut arriver dans un état quand l'éloquence a perdu sa mission, c'est le moment de la servitude (1); aussi est-ce le propre de ces époques funestes que de témoigner beaucoup de dédain pour l'éloquence, que d'affecter de la regarder comme un jeu brillant mais inutile et de chercher à établir son incompétence dans la pratique des affaires. Reproche digne de ceux

---

(1) Les rois de Perse n'imaginèrent pas de plus sûr moyen pour pénétrer dans la Grèce que de stipendier les rhétheurs qui étaient en possession de la tribune. Quand les conquérants forment le dessein d'asservir les peuples, ils commencent par gagner les orateurs et ils jettent dans les fers ceux qu'ils ne peuvent gagner (Arrighi, *le Barreau italien*, t. I).

qui le font! comme si rien pouvait se traiter autrement que par des idées et par des raisonnements, comme si ce que les habiles appellent la pratique ne pouvait pas comme le reste s'expliquer et se déduire.

« Mépriser la théorie, dit Rossi, c'est avoir
» la prétention excessivement orgueilleuse d'agir
» sans savoir ce que l'on fait et de parler sans
» savoir ce que l'on dit (1). »

Le prestige de l'éloquence s'explique d'ailleurs par d'autres considérations que celle de son utilité; ce serait une puissance fatale, en effet, si elle pouvait être au service de la duplicité et de la fraude, mais c'est une loi du cœur humain et une loi providentielle que l'on ne peut être éloquent contre sa conscience. On peut être habile, mais on n'est pas éloquent; car l'éloquence vient du cœur et non de l'esprit, elle n'est propre qu'à l'honnête homme. C'est à n'en pas douter le sens du mot de Caton, « *vir probus dicendi peritus*, » qui ne donne pas une leçon de morale à l'orateur comme on le croit communément, mais qui explique la cause et le principe même de cette faculté.

(1) Rossi, *Traité de droit pénal*, t. I, p. 8, Paris MDCCCXXXIX.

III

C'est au barreau que l'éloquence a fait entendre ses premiers accents. C'est à la source des intérêts privés qu'elle a puisé ses premières inspirations; c'est là aussi qu'elle présente le tableau le plus vivant et le plus animé ; car les mœurs de la société s'y peignent toute entières comme le remarque avec infiniment de justesse un éminent magistrat qui manie dans ses loisirs une des plumes les plus élégantes de notre époque (1).

(1) M. Oscar de Vallée, dans le passage suivant que nous citons, car l'on ne saurait mieux dire : — « Une partie de » l'histoire, et ce n'est pas la moins curieuse, se fait, se » parle et s'écrit à l'audience; la société s'y montre avec » toutes les passions qui l'agitent; on y voit sa force et » sa faiblesse, sa grandeur et sa décadence, sa richesse » et sa pauvreté, ses joies, ses larmes, ses préférences, » son passé, son présent et même son avenir ! Ailleurs, » dans les rapports du monde, tout s'adoucit et s'efface, » le vice et la vertu; là, au contraire les masques sont » levés, les visages à nu et les portraits se font d'après

— 136 —

Ce serait une étude pleine d'intérêt, que de rechercher les origines du barreau français et de suivre les transformations successives que l'éloquence judiciaire a subie sous l'influence de

» nature; c'est comme un grand atelier d'observation, de
» science et d'anatomie morale, où les sujets abondent
» et varient sans cesse; si on veut étudier le cœur hu-
» main, on est placé pour voir et pour apprendre comme
» le médecin qui soigne les plaies les plus différentes et
» les souffrances les plus diverses dans ces asiles que leur
» ouvre la charité publique; en y recueillant ses impres-
» sions et ses souvenirs on aurait presque sans erreurs la
» vue morale de son temps; l'histoire n'est pas toute à la
» guerre ni dans le cabinet des princes; elle est aussi
» dans les querelles privées et dans les luttes judiciaires;
» c'est surtout au Palais qu'on peut chercher et prendre
» *le caractère de son siècle.* — L'homme y paraît sous tous
» ses aspects, il y est tour à tour fils, époux, père, agres-
» seur ou victime, oppresseur ou opprimé, propriétaire
» ou voleur, grand ou petit, riche ou pauvre, industriel
» ou poëte, bon ou méchant, serviteur ou maître, chari-
» table ou mendiant, meurtrier ou sauveur; c'est un pêle-
» mêle universel de mœurs, de passions, de combats, de
» violences; les vices se rencontrent avec les vertus, la
» justice avec l'iniquité, le droit avec la force, toutes les
» misères avec toutes les richesses. Les romanciers de nos
» jours ont pris la peine d'aller chercher bien loin et sou-
» vent bien bas ce qu'ils ont appelé les types de la co-
» médie humaine; ils auraient trouvé au Palais le fond de
» toutes leurs toiles et la vérité à pleines mains les eut
» dispensés de la fiction. »

De l'Éloquence judiciaire au xviie *siècle; — Antoine Lemaistre et ses contemporains*, p. 100 et suiv., par M. Oscar de Vallée, avocat-général à la Cour d'appel de Paris.

la littérature. Expression vivace du génie français dont elle est une des formes les plus brillantes, intimement liée aux lettres dès son berceau, l'éloquence judiciaire apparaîtrait tour à tour sophistique érudite et barbare avec la philosophie d'Aristote, commençant à rompre ses entraves pour se livrer à son libre essor au siècle de Ronsard (1); épurée tout à coup, et devenue sévère avec la grande littérature de Louis XIV, on la verrait se modifier encore en passant du XVIIe au XVIIIe siècle ; mais ce qu'il faut remarquer, c'est que dès que la langue a été formée, on a toujours supérieurement plaidé en France, et il est telles plaidoiries du XVe et du XVIe siècle qui étonneraient de nos jours par la perfection relative du langage et par l'art avec lequel elles sont conçues. C'est que la parole, dans son

---

(1) Voici toutefois de quelle manière, à la même époque, Rabelais accommode les gens du palais : « De quoi » servent donc tant de fatrasseries de papiers et copies que » me baillez? N'est-ce pas mieux ouïr les parties par leur » vifue voix, que lire ces babouineries ici qui ne sont que » tromperies, cautèles diaboliques et subversions de droit ? » Car je suis seur que vous et tous ceulx par les mains » desquels ha passé le procès y avez machiné ce qu'avez » pu pro et contra, et au cas que leur controverse était » patente et facile à juger, l'avez obscurcie par sottes » et déraisonnablables raisons. » — Rabelais ne connaissait pas les affaires.

essor spontané, s'affranchissait avant le temps des ambages de l'idiome, et l'on ne peut douter que le barreau n'ait concouru d'une manière toute puissante au perfectionnement de la langue, dont la pureté s'est conservée comme un dépôt traditionnel dans le sein du barreau parisien.

Le XVIIe siècle, qui fut le beau siècle de la littérature, ne fut pas celui de l'éloquence judiciaire; empreinte de sécheresse et de dureté au sortir de la réforme qu'elle venait de subir sous l'influence d'Omer Talon et de Patru (1),

---

(1) On sait que c'est par l'abus des citations, que les plaidoiries avaient principalement péché jusqu'alors. Peut-être sont-elles trop négligées aujourd'hui; souvent l'avocat peut leur emprunter de très-grandes ressources et donner un tour aussi ingénieux que saisissant à sa pensée, au moyen d'une citation bien faite. En voici un exemple, entre mille, emprunté à une plaidoirie tirée d'un ancien recueil. L'avocat était défendeur à une demande en nullité de mariage et de divers autres actes argués de simulation et de faux; il débute ainsi en manière d'exorde:

« Il y avait une secte de philosophes en Grèce qui te-
» nait que toutes les choses sensibles et créées, que l'on
» voit dans le monde, n'étaient point en leur nature et
» en leur essence ce qu'elles semblaient être à l'extérieur
» et en apparence, de sorte que se donnant la licence
» de former tel jugement qu'ils voulaient de ce qui tom-
» bait sous l'objet de leur sens et de leur entendement
» ils sacrifiaient souvent la vérité à l'imagination vaine de
» leur fantaisie et faisaient passer des illusions et des

elle ne prend vraiment son essor qu'au xviiiᵉ siècle avec les Cochin et les Gerbier.

L'art oratoire se transfigure, la langue du barreau devient élégante et facile. Les plaidoiries respirent le mouvement et la vie ; quelques-unes d'entre elles sont de véritables morceaux de littérature et l'on pourrait les opposer à ce qui s'est écrit de mieux dans notre langue (1).

» prestiges, des visions de spectre et de fantôme pour des
» réalités et des choses effectues : Nos parties adverses
» semblent avoir été instruites à l'école des anciens so-
» phistes quand ils s'imaginent dans l'ombrage de leurs
» conceptions informes, qu'un acte en bonne forme d'un
» mariage célébré dans l'église, qui a été signé du curé
» de la paroisse de l'une des parties..... et n'a reçu
» aucune atteinte jusqu'à présent, l'écriture et signature
» du curé..... n'étant point déniée ni révoquée en doute,
» que cet acte de mariage n'est rien moins que ce qu'il
» semble aux yeux. — Que le registre d'un banquier et
» notaire apostolique dont la foi depuis quarante ans a
» été éprouvée, etc..... ; que tous ces actes ne sont
» point en effet dans la vérité de leur être et de leur
» existence ce qu'ils paraissent être à l'extérieur..... etc.* »

Quoi de plus habile qu'une telle allusion ? Le trait porte si juste qu'aux premiers mots, la cause de l'adversaire est jugée.

(1) Le morceau suivant emprunté à une plaidoirie de Terrasson donnera, dans son genre, une idée de la grâce et de la souplesse du style oratoire de cette époque. L'avocat

*Nouveau recueil de divers plaidoyers de feus Mᵉˢ Auguste et Thomas Gallaut, et autres fameux advocats de la cour de Parlement. Paris, 1656, p. 115 et 116.

Mais quelque éclat que l'éloquence judiciaire ait jeté dans les deux siècles derniers, on peut dire qu'elle ne s'est jamais élevée à une aussi grande plaidait en qualité de partie civile pour une mère, dont la fille avait été séduite et enlevée dans les circonstances les moins extraordinaires. On remarquera avec quel art la séduction est analysée, et de quelle main légère il est touché aux détails les plus délicats :

« Un homme, qui, avec le privilége de voisin, quelques dehors précieux et un âge mûr, s'introduit dans une maison, n'est pas d'abord rejeté : Celui-ci, joignait à tout cela, non pas à la vérité une fortune faite, mais les apparences d'une fortune prochaine qui pouvait imposer. Ces circonstances surmontèrent peut-être ou affaiblirent les résistances de la mère et comme il est plus aisé en cette matière de s'interdire tout absolument que de s'arrêter aux bornes prescrites, ce qui fut accordé d'abord par complaisance aux empressements de l'homme, ne put dans la suite être refusé au goût de la fille. On s'accoutuma au plaisir de se voir, et on s'en fit de part et d'autre une dangereuse nécessité. Les conversations générales et avouées de la mère conduisirent à des entretiens particuliers où elle n'entrait plus. Une passion, que l'âge, que l'expérience rendait ingénieuse et hardie, séduisit insensiblement une jeunesse imprudente qui ne se défiait pas du péril. Mille pièges secrets, mille artifices imperceptibles, conspirèrent à la fois contre sa vertu. On prépare les entreprises de l'incontinence par des promesses de mariage. On parvint à ne se refuser rien sous l'apparence captieuse de ne se quitter jamais. Enfin, pour couper court sur un endroit où l'imagination recueille déjà ce que la bienséance doit supprimer, tout le mérite du naturel le plus heureux et de l'éducation la plus régulière, ne put sauver la pudeur du malheur de la surprise et du naufrage. » (*Annales du Barreau français*, t. IV).

hauteur et n'a joué un rôle plus considérable que dans notre temps. Elle s'est trouvée liée à tout le mouvement politique, littéraire et industriel qui s'est fait en France depuis la Révolution. Avec l'établissement du gouvernement représentatif, la publicité des débats et la liberté de la presse, le barreau devint comme un écho de la tribune et lui emprunta ses plus mâles accents.

Dans la sphère des intérêts matériels, l'immense développement donné de nos jours au commerce et à l'industrie, en agrandissant le domaine des affaires litigieuses, a créé des spécialités de talent jusqu'alors inconnues.

Mais c'est surtout au point de vue littéraire que le mouvement imprimé à l'éloquence judiciaire, au XIXe siècle, serait intéressant à étudier. Et d'abord, un point capital est à signaler dans dans les procédés modernes de l'art oratoire : Autrefois, les avocats comme les orateurs improvisaient rarement. La plupart des plaidoiries écrites dans le cabinet, étaient lues ou répétées à l'audience. Aujourd'hui l'improvisation est l'âme des plaidoiries. Jamais la parole n'avait appris à compter à ce point sur elle-même, c'est un triomphe qu'elle n'a remporté que dans notre temps.

Sans doute les discours qui sont le résultat de l'improvisation, ne sont pas au point de vue littéraire, des œuvres aussi parfaites que des morceaux d'éloquence composés la plume à la main ; mais quelle vivacité dans le mouvement de la pensée ! que de tours heureux et imprévus ! Il ne faut d'ailleurs pas oublier qu'il y a une différence essentielle entre le style de l'orateur et celui de l'écrivain. L'étude de leurs formes fait aisément reconnaître que ce sont deux langues distinctes qui ne suivent point les mêmes règles et n'obéissent point aux mêmes lois. On s'en aperçoit en voyant échouer à l'audience des mots, des phrases, des effets que l'on avait préparés et qui produisent souvent une impression contraire à celle que l'on attendait ; c'est que l'audience peut seule donner à l'avocat le diapazon de sa plaidoierie, c'est que le discours de l'orateur ne doit pas se construire (1) comme

---

(1) La plus grande difficulté de la langue française, consiste dans l'ordre logique des mots; nous sommes obligés de suivre toujours le même arrangement, *nominatif, verbe, régime*, c'est une marche qui ne varie jamais et qui cause souvent des obstacles insurmontables dans une langue douée d'aussi peu de souplesse que la notre.

Que de fois la pensée est obligée de céder devant la forme, faute de pouvoir faire entrer dans une phrase un mot, une expression, que rejette obstinément l'ordre in-

celui de l'écrivain ; tandis que chez l'un la forme doit être calculée, elle doit céder chez l'autre au mouvement naturel de la pensée. L'orateur peint à fresque, il faut que ses traits soient larges, que ses périodes remplissent l'oreille au flexible du langage. Aussi, n'est-il point de plus grand supplice que d'écrire en français quand on se pique de quelque pureté. Les autre langues ne connaissent point ces difficultés : Les latins en particulier étaient maîtres de leur construction grammaticale; ils plaçaient les mots à leur gré, sans être asservis à aucune régle; ils débutaient tantôt par un verbe, tantôt par un adjectif, quelque fois par un adverbe, sans autre loi que celle de l'harmonie; de telle sorte, qu'en mettant tous les termes d'une phrase latine dans un chapeau et en les tirant l'un après l'autre comme les billets d'une loterie, la construction s'en trouverait toujours à peu près régulière. Dans notre langue au contraire, un mot dérangé détruit toute l'économie d'une phrase, l'écrivain arrêté à tout instant dans sa marche, se heurte contre des locutions irréductibles, contre des répétitions qu'il ne peut faire disparaître sans dénaturer sa pensée, car les synonymes lui manquent, et les sources de l'inspiration se tarissent pendant les efforts qu'il fait pour vaincre la résistance du langage. La langue oratoire, comme la langue poétique, a l'avantage de ne pas être assujétie à une discipline aussi rigide ; elle permet des inversions qui donnent à la pensée plus de mouvement, plus d'essor. Lebatteux*, dans son traité de la construction oratoire, observe avec raison que chez l'orateur, les mots suivent dans leur arrangement l'ordre même des idées, ce qui donne à la parole, une syntaxe moins savante, mais plus variée et plus attachante.

* Lebatteux, *De la Construction oratoire*, p. 106.

risque de quelques incorrections qui peuvent en résulter. Le plus grand charme de la parole consiste dans le jeu extérieur de l'improvisation dont on voit les effets se produire sous l'effort incessant de la pensée. Il y a plus, il ne faut même pas en parlant, s'attacher avec trop d'attention à ce que l'on dit, ni marcher dans un ordre trop logique. L'avocat qui s'entend, qui s'écoute, qui s'observe, ne saurait être éloquent. Il ne le devient, que quand il s'oublie lui-même, quand il a perdu toute préoccupation, tout souci de la forme. Alors, les mots arrivent, les expressions se multiplient avec une abondance, une force et une précision dont il s'étonne lui-même. Ce n'est plus lui qui parle, c'est son âme; c'est comme un être intérieur dont il n'est plus que l'instrument.

C'est en étudiant avec soin le phénomène de l'inspiration et en obéissant à ses indications, que les orateurs de l'école moderne se sont élevés à un si haut degré dans l'art de l'improvisation. Il ne faut pas lire leurs plaidoiries, il faut les entendre. Les reproductions que l'on en donne ne sont que des images effacées dont on cherche en vain la resssemblance.

IV

Un procès est au fond une action dramatique qui a son exposition, ses actes, ses épisodes, ses péripéties et son dénouement. Une grande plaidoirie est le plus vaste sujet de composition qui puisse s'offrir à l'esprit, tous les genres et tous les tons peuvent y trouver place tour à tour : la narration, le genre descriptif, l'épigramme et la satyre, la comédie et le drame, l'étude des passions, la peinture des mœurs et des caractères.

A aucune autre époque on ne sut mieux combiner ces éléments divers dans une plaidoirie, mieux grouper les faits, les présenter dans un ordre plus méthodique, dégager le point de droit avec plus de netteté, disposer les preuves avec plus d'art, rendre la science plus claire, marcher plus rapidement au but tout en ne négligeant rien de ce qui peut être utile.

Toujours inséparable du mouvement littéraire de chaque époque, l'éloquence du barreau a emprunté à l'école romantique son coloris, ses contrastes, les accents tragiques de la fatalité moderne (1).

(1) Dans l'éloquence *criminelle,* il n'est point d'avocat qui ait élevé si haut l'horreur tragique que M. Chaix-d'Est-Ange. On pourra s'en faire une idée en lisant le fragment qui suit, extrait d'une plaidoirie qui est d'un bout à l'autre un chef-d'œuvre. L'affaire était d'ailleurs une des plus épouvantables dont le souvenir soit resté dans les annales du crime (*affaire Benoit*) : Un fils qui avait égorgé sa mère pendant son sommeil, et qui, resté impuni pendant plusieurs années, venait d'être saisi par la justice au lendemain d'un second crime commis dans les mêmes circonstances. L'assassin avait un ami qui possédait son secret et qui l'avait menacé de tout révéler. Il lui avait coupé la gorge aussi pendant son sommeil avec le même instrument horrible..... un rasoir!.... — M. Chaix-d'Est-Ange plaidait, en qualité de partie civile, pour un malheureux sur qui la justice avait failli s'appesantir lors du premier assassinat. Le plaidoyer de l'avocat portait sur les deux chefs d'accusation. Le fragment qui suit n'a trait qu'au jeune Formage immolé par l'assassin dans un hôtel de Versailles.

« Me direz-vous que je n'ai pas tout raconté, que je les ai laissés à la porte de l'hôtel des Bains sans oser y pénétrer avec eux, sans avoir le courage de dire ce qui s'était passé là? Eh bien donc, écoutez-moi, il y a une scène dont aucun témoin ne peut rendre compte, et je sais que dans votre aveuglement vous dites : *personne ne m'a vu, la justice ne peut m'atteindre.*

« Eh bien, cette scène, je la connais et vais vous la redire. Écoutez-moi vous dis-je, et si vous niez encore, que votre voix s'élève donc pour démentir ce sang qui a tout raconté; car dans cet étroit espace, dans cette

La génération d'avocats, qui a paru dans la première moitié de ce siècle, était digne d'at-

chambre encore empreinte de carnage, on a retrouvé tous les détails du crime, on a vu, et les efforts inouïs de la victime et la rage persévérante du meurtrier. C'est par cette porte qu'ils sont entrés. Sur ce lit, encore affaissé, s'est couché l'assassin ; en face de vous, sur ce canapé, s'est reposée la victime, et, quand le sommeil, un sommeil encore appesanti par les fatigues de la nuit, a fermé ses yeux, l'assassin ouvre les siens alors.... il écoute.... il se dresse.... Tout est favorable autour d'eux, il saisit les instruments de mort. Sur ce lit, d'où il se lève, vous retrouvez encore le papier qui servit à les envelopper. Il s'avance alors vers le malheureux qui lui tend la gorge, et, tout à coup, d'un même et rapide mouvement, tandis que son genou fortement appuyé le presse et le maintient, de sa main gauche il lui saisit la tête, et de la droite il lui fait une effroyable blessure. Oh!..... le coup est mortel sans doute, et pourtant la vie, cette vie si pleine de force et de jeunesse, elle résiste encore et la victime se débat.

« Pauvre enfant!... peut-être qu'au matin, sous cette fenêtre, des rires ou des chants de joie se font entendre; peut-être au fond de ce couloir les pas d'un voyageur dont le bruit parvient jusqu'à toi... Tu veux appeler, appeler du secours Ah! malheureux n'épuise pas ainsi tes forces ; ta voix n'a plus de passage et tes cris, tes cris de désespoir ils s'éteignent dans ton sang..... il lutte cependant, il s'élance vers cette porte qui leur servit d'entrée; mais sur le seuil de cette porte fermée il retrouve l'assassin, et le sang que vous voyez là indique qu'ici s'est prolongée la lutte. Une autre porte a frappé ses regards ; elle s'ouvrira peut-être!.... il y court, ou plutôt il s'y traîne, une main plus puissante l'arrête encore. Voyez-vous?..... horreur!..... Voyez-vous sur cette table de nuit, le sang qui l'inonde, et ces cheveux que le rasoir a coupés?... Eh bien!

tacher son nom à cette grande période de l'éloquence contemporaine ; jamais on n'avait vu une

c'est ici qu'ont eu lieu ses derniers combats, ici qu'il a reçu les dix-sept blessures qui ont suivi sa première blessure. Alors, sa résistance fut moins vive, ses efforts moins puissants; car enfin la vie s'échappait, et bientôt épuisé, sans secours, sans espoir, près de la trace qui indique sa chute, au pied de cette porte qui n'a pas voulu s'ouvrir pour lui, le voilà qui tombe, il s'agite, il expire...» *(Benoit est agité par des mouvements convulsifs : Il pousse des gémissements interrompus par des sanglots.*

« Vous frémissez, vous tous qui m'entendez; vous ses parents, qui aujourd'hui pour la première fois veillez sur lui, vous ses amis ; si le misérable peut encore avoir un ami, vous enfin, qui l'aviez cru innocent, puisque vous avez consenti à le défendre, vous frémissez à ce récit, de terreur et de pitié..... vous êtes émus jusqu'au fond de vos entrailles et pourtant ce n'est là qu'un récit. Ce jeune homme, il n'était point votre ami; cette lutte, vous ne l'avez point soutenue; ce sang, vous ne l'avez pas versé : mais lui, l'assassin, que va-t-il devenir? Jusqu'ici l'ardeur du combat, la nécessité de vaincre, de tuer sa victime, d'étouffer son secret, tout cela le soutenait. Mais quel réveil maintenant ! Quand il se retrouve seul, seul dans cette horrible chambre. Oh! sa tête s'égare, il se penche vers le malheureux qui n'est plus; il lui prodigue les noms qu'il lui donnait autrefois; il cherche dans ce cadavre à retrouver quelque reste de vie; il appelle sur sa propre tête les malédictions et les vengeances. Arrête malheureux, tes cris te trahissent .... malheureux, tu vas te perdre.... Non, non, rassurez-vous, il est calme alors, et de sang-froid il regarde autour de lui et le voilà content; sa besogne est faite, il n'a plus qu'à préparer sa fuite, qu'à assurer son salut. De quelles précautions il s'entoure, comme sa prudence a soin de tout prévoir! Ses mains

telle réunion d'hommes éloquents, des talents plus divers et plus empreints d'originalité. Presque tous les genres d'éloquence ont été représentés : l'entraînement et la passion oratoires, l'élévation et la pureté du style, la force du raisonnement, la verve satirique (1). Ce sont ces grandes qualités, que nous avons essayé de peindre dans les études qui précèdent. Si l'on jette les yeux sur la génération d'avocats qui est venue immédiatement après ces maîtres, on est obligé de reconnaître qu'elle ne procède point de la même école.

Sans doute, il y a de rares talents, de brillantes organisations parmi les avocats qui appartiennent à cette seconde période, mais ce n'est plus la facture oratoire des avocats de 1830. Ce n'est ni la même ampleur ni la même véhémence. Ce ne sont plus ces grandes et fortes gé-

---

sont dégouttantes de sang, il faut les laver ; mais dans cette chambre, cherche vainement, il n'y a pas d'eau….. Vous savez le moyen qu'il emploie, et dans un tel moment la nature ne se refuse pas à ce qu'il demande !…»

Discours et Plaidoyers de M. Chaix-d'Est-Ange, t. II, p. 67 et suiv.

(1) Si des notes plus étendues n'eussent pas fini par noyer le texte de cette étude, nous aurions donné des extraits de plaidoiries qui auraient servis à caractériser ces divers genres de talent ; c'est ce que nous ferons peut-être dans une seconde édition, s'il y a lieu.

néralisations qui servaient autrefois d'introductions aux plaidoiries; on fait peut d'exorde et de péroraison, on parcourt rapidement son sujet; les questions de droit sont bien traitées, mais elles sont peut-être trop circonscrites; on ne touche à la politique que d'une manière timide, en faisant çà et là mante réserves. Beaucoup de tact, un grand art, des circonlocutions, beaucoup de netteté et de correction dans la forme du langage, telles sont les qualités qui caractérisent plus spécialement les avocats de cette seconde époque.

V

Cet affaiblissement de l'éloquence judiciaire tient avant tout au caractère général d'une époque dans laquelle l'art n'est plus appelé à tenir la même place dans les œuvres de l'esprit. La *pratique* fait aujourd'hui plus de disciples que l'éloquence. Les talents naissent plus vite, ils se développent moins. La rapidité même avec laquelle s'expédient de nos jours les affaires, en restreignant le développement des plaidoiries, ne permet plus à la parole de prendre le même essor (1). Le public a contribué, sans le savoir, à amener cette réforme; à force de récri-

(1) Il arrive tous les jours devant les tribunaux et les cours que, le président, pour abréger la durée d'une plaidoirie, invite l'avocat à passer sur tel ou tel point, et lui indique lui-même ceux sur lesquels il doit s'expliquer. Cette faculté d'élimination ne serait pas sans danger, si la prudence des magistrats n'en usait avec la plus grande mesure. Quand le juge dispense l'avocat de tel éclaircissement ou de telle discussion, ne s'expose-t-il pas quelquefois à ne pas bien saisir une difficulté? Ces interruptions ont d'ailleurs pour inconvénient de déranger l'ordre d'une plaidoirie, de déconcerter l'avocat, surtout quand il n'est pas encore complétement rompu aux difficultés de sa profession. C'est M. Dupin, lui-même, qui fait cette observation dans un de ses ouvrages. La plaidoirie est une œuvre si difficile, elle exige tant de liberté d'esprit, que l'avocat a besoin d'attention, même quand il s'égare. La tolérance de l'ancienne magistrature à cet égard est assez attestée par les railleries proverbiales qui couraient sur le Palais. Tallemand des Réaux raconte qu'un jour : « Le président de Verdun tourmentait Desnoyers (avocat » du temps), afin qu'il agrégeât, et il n'avait encore rien » dit Sinon : — Messieurs, je suis appelant d'une sen-

miner contre la prolixité des avocats, les plaidoiries se réduiraient à de simples analyses, si le bon esprit de la magistrature et les intérêts de la justice ne réagissaient contre ces critiques irréfléchies.

Sans doute il est nécessaire d'être bref dans une foule d'affaires courantes, dont la solution ne présente aucune difficulté, mais dès que les intérêts grandissent et se compliquent, tout change et la briéveté deviendrait un péril pour la cause que l'on défend. Un procès présente mille faits, mille incidents, mille circonstances qui lui donnent sa véritable physionomie. Tout ce qui est amené sans préparation et n'est pas raconté avec beaucoup d'art perd sa couleur et sa vraisemblance.

Une considération de plus est décisive ; un argument oublié peut devenir fatal ; rien n'est difficile comme de dégager la vérité dans les moindres faits, et elle n'apparaît souvent qu'après les débats les plus contradictoires.

On oublie d'ailleurs que par la force même des choses, l'avocat n'est pas chargé seulement

---

» tence du juge de Chauleraut. — Qu'est-ce que Chaule-
» raut? dit le président. — Monsieur, c'est pour abréger,
» répondit-il; c'est-à-dire Chatellerault. »

Tallemand des Réaux, t. I, *Avocats*.

des intérêts matériels de son client, il est constitué gardien de son honneur et de sa dignité; il faut qu'il réhabilite ses intentions, qu'il traduise ses griefs, qu'il exhale ses plaintes. Nul honnête homme ne veut paraître devant ses juges sans y venir avec l'autorité de sa considération et de sa vie passée. C'est là un élément moral qui ne peut jamais disparaître d'une plaidoirie.

D'un autre côté, quelque soit l'application et l'impartialité du juge, son attention ne peut appartenir toute entière qu'à celui qui a le talent de s'en emparer; il faut l'intéresser, le captiver, lutter quelquefois contre ses préventions, chercher dans son esprit les raisons les plus décisives, faire vibrer en lui les cordes les plus fortes et les plus généreuses. Tout cela évidemment ne peut se faire sans beaucoup de paroles et sans emprunter à l'art toutes les ressources dont il dispose.

On ne sait pas assez jusqu'à quel point la considération d'art entre comme élément nécessaire dans l'exercice de la profession d'avocat, pour la fortifier et la grandir. L'avocat ne s'attache tant à sa cause que parce qu'elle devient une création, une œuvre de son intelligence, c'est l'émulation, l'amour-propre, le désir de mériter les suffrages qui le soutiennent et qui l'animent. Auteur à la fois et acteur dans ces grandes représentations de la justice (1), l'idée, la passion qui le dominent, c'est d'être à la hauteur de son rôle. Si son ministère se réduisait à une affaire de postulation, il perdrait du même coup le principe de sa force et de son enthousiasme; il n'y a d'ailleurs que l'amour de l'art qui puisse désintéresser la parole. On connaît peu de professions qui se piquent de rendre des services gratuits. L'avocat mettra tout son dévouement au service de la cause la plus désintéressée, car le premier de ses besoins c'est de développer son intelligence et donner carrière à ses sentiments généreux (2).

Si les usages commandent le respect, c'est

---

(1) Les tribunaux de France, pareils aux tribunaux de Rome et d'Athènes, sont comme autant de théâtres oratoires où les décisions de causes publiques et d'ordre privé dépendent en grande partie de l'éloquence des avocats. Quoique l'éloquence judiciaire n'ait ni l'ampleur, ni l'éclat de l'éloquence politique, les plus célèbres de ces orateurs ont toujours appartenu au barreau.

Arrighi, le Barreau italien, t. I, Préface.

(2) C'est le résumé de ces considérations qui fait que la loi qui assujétit les avocats à la patente est une loi essentiellement regrettable; elle rabaisse la profession d'avocat en l'assimilant à une industrie.

parce qu'ils consacrent presque toujours une force sociale ou un principe. Cette solennité qui environne les audiences françaises, cet éclat de l'éloquence judiciaire est dans le génie même de notre nation; ces belles traditions ont donné à la France assez d'hommes éloquents, assez de grands citoyens, assez de hautes vertus pour que l'on doive souhaiter qu'elles ne dégénèrent jamais. Ce culte de la forme, cette élévation du langage devant les magistrats sont d'ailleurs un hommage rendu à la grandeur et à la dignité de la justice.

LAËRTE [1]

I

A aucune époque le barreau n'a fourni autant d'hommes à la politique que depuis 1830. La Restauration montra trop de dédain pour un ordre en qui s'étaient concentrées les forces les plus vivaces de la bourgeoisie ; mais une brillante carrière lui était réservée sous les gouvernements qui suivirent.

Parmi les avocats qui sont de nos jours en possession de la célébrité, on n'en pourrait citer

---

[1] Il ne fallait point de mystère pour désigner le spirituel avocat dont il est question ici. Ce nom de Laërte est une fantaisie, un souvenir de l'étude Gorgias, ce ne saurait être un parallèle.

qu'un seul qui soit resté étranger à la vie politique et n'ait point joué son rôle dans les événements contemporains : c'est *Laërte*.

Parvenu à la renommée en même temps que plusieurs de ses confrères, qui ont passé avec succès du barreau dans la politique, il est le seul qui n'ait jamais franchi le seuil de nos assemblées représentatives. D'où vient cette exception à l'égard d'un homme dont les talents, à coup sûr, n'eussent été déplacés nulle part? Et combien d'autres n'ont pas mis la main aux affaires qui n'en étaient pas pour cela de plus grands génies?

On ne peut douter que si *Laërte* n'a rien été, c'est qu'il n'a voulu rien être : l'ambition est une passion qui paraît lui avoir été totalement étrangère. S'il a des opinions, s'il se rattache à un parti politique quelconque, le public l'ignore et ne paraît pas s'en soucier. Doué de belles facultés, d'un jugement sain, d'un caractère facile quoique sûr, d'un esprit légèrement railleur, mais exempt de toute amertume, une sorte de *quiétisme* en politique, d'*épicuréïsme* en philosophie paraissent constituer le fonds de ses idées et de son caractère.

La prudence, d'ailleurs, a pu ne pas être étrangère à son éloignement de la vie politique :

Si la politique grandit pour un instant les hommes, elle les brise aussi parfois d'une manière terrible ou leur prépare d'amères déceptions. Quand on est parvenu à marquer sa place au barreau, ce n'est pas un jeu sûr que de le délaisser pour courir après les aventures de l'ambition; avec des forces insuffisantes, on est vite annihilé, et le barreau oublie facilement ceux qui lui ont été infidèles.

Laërte aimait trop son état pour pouvoir se donner à d'autres soins; le Palais est son élément, l'audience est son atmosphère; ailleurs il ne vivrait pas; plaider, pour lui, c'est un besoin, une passion, c'est la source de toutes ses jouissances; on le voit à l'assiduité et à l'entrain qu'il déploie dans les travaux de sa profession, plaidant partout, en tout temps, devant toutes les juridictions, empressé, ardent, infatigable.

C'est cette passion de son état qui permit à *Laërte* de surmonter les épreuves redoutables qui attendent un avocat à ses débuts : se résigner pendant longtemps à ne plaider que de chétives affaires, attendre plusieurs années une occasion de se faire connaître qui ne viendra peut-être jamais; avoir le visage toujours souriant, la tête toujours libre; appartenir aux autres quand on a souvent dans l'âme les plus noirs soucis personnels; plaider, quand à de certains moments l'esprit est sans ressort, l'âme sans inspiration, le cœur voisin de la défaillance, ce sont là, parmi tant d'autres, des angoisses dont on ne triomphe qu'en faisant un appel incessant à l'énergie de sa volonté.

Malgré de brillantes dispositions, une souplesse d'esprit peu commune, un caractère heureux, une grande aptitude à se faire des amis, *Laërte* végéta assez longtemps à Paris, en arrivant de sa ville natale. Mais, dès que l'occasion lui en fut offerte, il jeta son nom à la publicité, poussa vigoureusement sa fortune et se fit en quelques années un des noms les plus populaires du barreau.

II

Ce n'est pas de propos délibéré que l'on s'attache au Palais à tel ou tel genre d'affaires, les circonstances en décident plus que le reste! *Laërte* avait débuté au barreau par des affaires d'assises, c'est aux assises qu'il fit sa réputation ; il se trouva que c'était sa voie et qu'il était né avec toutes les aptitudes nécessaires pour y réussir.

Il est bon de remarquer que l'éloquence *criminelle*, car c'est ce nom là ou tel autre qu'il faut lui donner, est quelque chose d'essentiellement moderne. Parmi les avocats qui ont laissé de grands souvenirs dans le barreau d'avant 1789, on n'en cite point dont la réputation se soit faite par des procès criminels ; nous ignorons aujourd'hui les noms des défenseurs qui ont plaidé jadis dans les attentats célèbres. Il y aurait des explications de plus d'une nature à donner sur ce point : la première, c'est que la procédure criminelle était secrète alors, et que la publicité des débats n'existait point. Une autre raison, c'est que dans l'état social qui a précédé la Révolution, les crimes n'ayant ni les mêmes causes, ni les mêmes caractères, ni les mêmes excuses *sociales*, la défense ne pouvait y puiser les ressources oratoires que passionnent aujourd'hui ses accents. Il est à penser d'ailleurs que le caractère même de la littérature de cette époque n'eût pas permis à l'éloquence judiciaire de se développer dans le sens des passions dramatiques qui lui donnent de nos jours un intérêt si profond. Il fallait pour cela un mouvement dans les lettres, comme il s'en était fait un dans les institutions. L'éloquence *criminelle* ne pouvait prendre naissance qu'avec l'établissement du *jury;* mais à partir de ce jour une école nouvelle, ou plutôt un genre oratoire inconnu jusqu'alors apparaissait.

Plaider pour la liberté, l'honneur, la vie des hommes devant des jurés, devant des juges qui sont les pairs de l'accusé, devant des hommes accessibles à toutes les influences de la parole, à toutes les émotions, et dont les impressions correspondent avec celles de la foule qui assiste à toutes les péripéties de l'audience, il n'est pas pour l'avocat de plus magnifique élément oratoire.

Raconter les épisodes les plus terribles, les plus sinistres; tenir l'auditoire palpitant, y imprimer tour à tour l'étonnement, la pitié, l'épouvante; faire parler le désespoir, la jalousie, la vengeance, l'amour; jeter le cri de toutes les douleurs et de toutes les souffrances; analyser toutes les passions, descendre au fond des abîmes de la conscience humaine; montrer le travail horrible qui se fait dans l'âme des hommes quand ils marchent vers le crime sous la pression de la misère, quand leur cœur se soulève en hurlant vers les jouissances de la vie, que leur interdit l'indigence, la haine qu'ils arrivent à jurer à une société implacable qu'ils ne connaissent que par ses coups, et puis la fatalité de certaines organisations, des coïncidences inexplicables, des circonstances enveloppées d'un impénétrable mystère : que de problèmes proposés à la raison, à la morale, à la philosophie ! quelle source d'éloquence pour l'avocat, d'émotions pour ceux qui l'entendent ! Et que signifient le théâtre et le roman auprès de ces drames de la vie réelle qui se déroulent à l'audience en face de la justice, en présence des coupables et devant tous les témoins animés ou muets de ces terribles attentats.

La cour d'assises devint pour les avocats un théâtre, où leur éloquence prit nécessairement un caractère dramatique. C'était le *romantisme* faisant invasion sur la scène judiciaire ; *Laërte* est un de ceux qui l'y ont apporté, et s'il n'est ni le premier, ni le plus grand de ceux qui ont fondé cette école, nul ne peut en ce moment lui disputer le prix de ce genre d'éloquence.

III

Laërte est un talent essentiellement français ; c'est avant tout ce qui le caractérise ; *il enlève un réquisitoire* comme nos fantassins enlèvent une batterie à la bayonnette ! c'est l'impétuosité, l'à-propos, la rapidité, le *diable au corps* en personne, comme nous dirions si le mot n'était pas un peu vulgaire.

Il convient d'abord de remarquer de quelle manière *Laërte* engage ses plaidoiries.

On a entendu le ministère public ; l'accusation a porté de toutes parts ; on se demande quelles ressources peuvent rester à la défense. *Laërte* se lève. Aux premiers mots, il touche la partie sensible de l'accusation, il généralise l'idée de la défense. Tout système de défense peut se résumer par un mot ; c'est ce mot que *Laërte* fait immédiatement pressentir aux jurés, en dirigeant une attaque rapide sur le front du réquisitoire, en effaçant de suite l'impression générale que leur a laissée la parole du ministère public.

Dès qu'il a jeté de nouvelles influences dans leurs esprits, il entre dans l'exposé des faits, et c'est où il excelle. Toutes les circonstances nécessaires sont rapportées avec un ordre, une clarté, une précision irréprochables; il n'est pas un détail utile, pas un trait favorable à son client qui n'arrive parfaitement à sa place; mémoire et méthode, tout est complet à cet égard.

Maintenant, comment passe-t-il de l'exposé des faits à la discussion? C'est par un art dont le secret échappe à l'observation la plus attentive; la transition se fait sur un détail, sur un incident, sur un mot, mais elle est invisible; son argumentation forme une maille serrée, corsée, impénétrable. Loin de biaiser avec l'accusation, il l'aborde de front, il en rassemble les moyens, il les formule, il les présente dans tout leur relief pour les réduire avec plus de force, pour n'en pas laisser vestige. Il sait que toutes les objections qui n'ont pas été résolues dans l'esprit du juge s'élèveront irréparablement contre la défense dès qu'elle aura cessé de se faire entendre; il faut qu'il les détruise sans retour. Dans certains cas où la responsabilité morale, qui pèse sur l'avocat, prend des proportions terribles, il arrive parfois que l'on oublie un argument décisif, une objection sans réplique, et l'on s'en souvient *après* avec un secret désespoir. Rien de pareil n'est jamais à craindre avec *Laërte;* on peut noter tous les points de l'accusation, il les parcoura l'un après l'autre; toutes les ressources de la défense, il n'en omettra pas une. Il ne lui arrivera pas non plus de gâter la force d'un argument en ne le mettant pas à sa place. Il passe successivement des plus petits aux plus grands, réservant toujours pour la fin les moyens les plus forts, les raisons les plus décisives, les jetant tout à coup comme un poids victorieux dans la balance, quand il la voit pencher de son côté. Il a une manière d'argumenter courte, pressée, rapide, *ad hominem* qui lui est propre et qui met à nu tous les procédés de la dialectique. Aussi, les jeunes avocats qui vont l'entendre disent-ils tous, avec raison, que c'est auprès de lui qu'ils apprennent le mieux les secrets de la plaidoirie.

Ce qui le distingue encore éminemment, c'est le tact, qualité si précieuse et sans laquelle on ne saurait être avocat. On ne le verra jamais insister sur des détails inutiles, faire une observation choquante; sa hardiesse est extrême, mais sa souplesse ne l'est pas moins. Quel art des circonlocutions! Avec quelle sûreté de main il touche aux détails scabreux! Quelle adresse à flatter le ministère public, à s'insinuer dans les esprits, à *fraterniser avec le jury*, à s'emparer de ses préjugés, de ses passions, de ses sentiments; et puis, avec tout cela, quel bon sens! un bon sens qui *troue les sophismes zélés* du ministère public. Nul ne sait mieux que lui donner les motifs humains des actions vulgairement humaines; montrer ce que, dans telle circonstance donnée, a pu faire, dire, penser l'homme qui se trouve aux prises avec le crime, par quelle filiation de faits et d'idées il y a été conduit. Nul ne sait, enfin, donner plus de vraisemblance aux interprétations de la défense et jeter plus de défaveur sur celles de l'accusation.

IV

Quant à la fermeté de son attitude, elle est inébranlable; les incidents imprévus de l'audience, les charges de l'accusation, les révélations accablantes des témoins, rien de tout cela n'a de prise sur lui; on le voit toujours se lever résolûment, le geste libre, le front serein.

L'éloquence du ministère public, la force convaincante avec laquelle il démontre l'accusation, loin d'abattre son courage, comme il arrive à quelques avocats, stimule, au contraire, en lui l'esprit de contradiction, échauffe, exalte son énergie. Il faut qu'il désarme le ministère public; c'est un duel dont il doit sortir triomphant ou tout au moins avec la consolation d'avoir rompu dans le tournois jusqu'au dernier tronçon de sa lance.

Il est si ferme et si vert à la riposte qu'on ne l'interrompt qu'avec beaucoup de ménagement. Autant il est souple et gracieux pendant le cours des débats, autant il est indomptable quand il tient la parole : dévoué avec passion aux intérêts de la défense, plein du sentiment de ses droits, il ne souffre pas que l'on y porte la moindre atteinte. Il brise toutes les résistances qui lui sont opposées; il triomphe à l'instant même d'un oubli, d'une inadvertance, d'une observation intempestivement faite. *Ses apostrophes* au ministère public, la vigueur avec laquelle il relève ses écarts méritent de faire tradition. En ce point, il est un des meilleurs modèles de la convenance et de la fermeté oratoires.

Quant à son langage, c'est quelque chose qui n'appartient qu'à lui : ce sont des phrases qui s'articulent entre elles par des mots qui lui sont particuliers, par des exclamations, des interjections faites pour ramener l'attention ou pour la porter vivement sur un point essentiel; mais il a une grande propriété de terme, un tour aussi heureux qu'habile. Il est peut-être de tous les avocats celui qui est le plus sûr de rendre sa pensée comme il le veut ; jamais on ne le voit hésiter sur le choix de ses expressions ; du reste, il ne s'en préoccupe pas. Ce qui le touche avant tout, c'est l'idée, c'est l'argument qu'il veut faire pénétrer dans l'esprit de ceux qui l'écoutent; la forme de son langage n'en a pas moins d'assez grandes beautés, et il a à peu près toute l'éloquence des passions dans la sphère desquelles il se déploie. Il y a des sentiments qu'il exprime particulièrement bien ; ainsi, il excite la pitié avec des accents qui émeuvent, sa voix s'attendrit jusqu'aux larmes(1) ou s'élève jusqu'à l'indignation ; là il trouve des notes vigoureuses, des

(1) Mais la sincérité de l'émotion lui manque totalement.

emportements, *des coups de parole* dont on ne remarque peut-être pas assez le trait *juvénalesque*.

Toutes ces brillantes plaidoiries que le public vient entendre avidement sont improvisées à l'audience. Sans doute, avant d'y arriver, tous les éléments du procès lui sont connus, il les a étudiés ; avec sa prodigieuse mémoire, sa grande facilité d'assimilation, ce travail préparatoire n'est qu'un jeu ; mais il n'a que quelques points arrêtés à l'avance, il laisse à l'improvisation le soin d'arranger tout le reste ; c'est sur le réquisitoire qu'il calme sa plaidoirie, c'est pendant les débats qu'elle s'élabore dans sa tête et que les parties s'en distribuent. On le voit de temps à autre faire courir sur son papier des lignes rapides, inégales, illisibles. C'est de ce griffonnage que l'on verra sortir tout à coup une *œuvre parlée* tout étincelante de netteté et d'éclat.

C'est ainsi que doit se traiter aux assises la plaidoirie. On peut bien, jusqu'à un certain point, dans les affaires civiles, composer, écrire quelques portions de ces discours ; cela est même nécessaire quelquefois pour bien saisir un raisonnement, pour se rendre compte d'une objection dont la subtilité autrement échapperait; mais dans les affaires criminelles, tout ou presque tout doit être inspiré à l'audience. Les plaidoiries n'ont d'âme et de chaleur qu'à la condition d'avoir reçu l'incubation de cette atmosphère. Au seul son de la voix, on distingue si une phrase a été improvisée ou si elle a été apportée toute faite. Tout ce qui ne reflète pas les impressions des débats, tout ce qui n'y prend pas sa source est frappé du cachet de l'impuissance.

C'est exactement à ces principes que Laërte a l'habitude de se conformer. Tout en causant avec ses voisins, tout en prenant des notes, tout en baguenaudant un peu, il a l'œil sur tout, sur les témoins, sur les jurés, sur la Cour, sur le public, sur les portes qui s'ouvrent ou qui se ferment. Il recueille toutes les influences qui passent, il se penche à l'oreille de ses confrères, s'il y en a là, pour leur communiquer ses impressions, essayant quelques-uns de ses arguments sur leur esprit avant le moment où il les lancera. Il intercepte les réflexions qui se croisent autour de lui dans la bouche des avocats qui l'environnent, et souvent on l'a vu se servir avec un incroyable bonheur d'un mot, d'une parole qu'il avait saisie au vol. — Il est tout spontanéité.

V

Cependant le beau talent de *Laërte* est bien loin d'être sans défaut, et il ne saurait même se classer au premier rang; pourquoi? c'est que l'élévation et la grandeur lui manquent. *Laërte* ne prend jamais son vol vers les régions où planent les vastes pensées, il ne remonte point jusqu'aux causes premières; il ne touche point aux cimes des idées; s'il a de la puissance et de l'éclat il pèche par la profondeur; son âme n'a que des tempéraments moyens comme son esprit qui ne va point s'éclairer aux lumières de la philosophie éternelle. Plein d'autorité dans des questions d'intérêt privé, maître tout puissant devant un jury, il est permis de croire que sa fibre ou que son intelligence fléchiraient dans ces vastes questions où l'intérêt public est engagé; aussi les procès politiques ne sont-ils jamais venus le chercher.

Ses mouvements pathétiques ont quelque chose de trop conventionnel, de trop mélodramatique, de trop bourgeois; l'*ordre et la marche*, si l'on peut s'exprimer ainsi, en sont trop connus. Il n'est pas tragique, il ne fait pas trembler. Il n'a point de ces suprêmes transports *qui font frissonner la chair;* il ne connaît point l'imprévu, point de ces inspirations soudaines qui tombent du ciel comme la foudre à travers l'âme de l'avocat.

A l'égard de sa méthode, il prend bien ses plaidoiries; mais il les prend toutes de la même manière, c'est toujours le même procédé, le même ton, le même geste, les mêmes flatteries à l'adresse du ministère public, la même manière *de lui dire son fait*, en enveloppant une verte leçon dans un compliment.

Quant à la forme de son langage il est certain que ses plaidoiries ne pourraient supporter la lecture, et qu'en les soumettant à l'épreuve de la rédaction, on y trouverait de nombreuses incorrections de langage; sans lui reprocher ses trivialités énergiques qui dépassent quelquefois la mesure, il est généralement trop familier, trop sans façon; il abonde en lieux communs, ses phrases sont hachées menu; il a des mots stéréotypés dont il se sert invariablement pour engager un argument ou pour le compléter : *Que voulez-vous que je dise? qu'en dites-vous, messieurs les jurés? tenez messieurs...* Toutes ces choses mêlées ensemble font de son langage, il faut en convenir, une assez étrange cuisine.

Son action est pleine de vivacité et d'énergie, mais il se préoccupe trop du public, il a trop l'air de *parler pour la galerie;* son entrain va jusqu'à la charge. Il a toujours l'air de considérer le réquisitoire comme une muscade qu'il va faire disparaître, sa plaidoirie comme un tour de gobelet qui va être exécuté à l'instant.

Ces défauts, qui sont jusqu'à un certain point le cachet de son originalité, n'empêchent pas que *Laërte* ne soit un talent complet dans le genre qui lui est propre. La critique n'est mortelle qu'aux réputations usurpées; il n'y a qu'elle qui la craignent, ou qu'offensent ses honnêtes libertés, parce que la discussion les ramène au néant.

Rehausser sans mesure la valeur des hommes, louer leurs qualités en se taisant sur leurs défauts, c'est une bassesse de ce temps qui n'est point à imiter, mais surtout qui ne profite jamais à ceux qui en sont l'objet; car la louange paraît un mensonge, et le sentiment public ne l'accueille qu'avec dégoût quand elle vient de ces adulateurs à gage qui l'ont si cruellement avilie.

VI

Il est assez rare que l'aspect des hommes célèbres réponde au portrait que l'on s'en fait involontairement avant de les connaître; c'est ce qui arrive quand on voit *Laërte* pour la première fois. Avant d'avoir approché le barreau nous nous trouvions par hasard un jour à la cour d'assises; un avocat d'un certain âge et d'une figure assez bizarre était assis au banc de la défense, le front appuyé dans la main et tenant négligemment une plume dont il se servait de temps à autre pour jeter quelques mots sur le papier; nous ne nous inquiétâmes point de savoir qui il était; l'avocat-général venait de terminer son réquisitoire; il se leva de suite : à la façon dont il le fit, aux premiers mots qu'il prononça, nous comprîmes que c'était là un homme qui devait entendre son affaire ; mais à la sûreté, à la vigueur de son langage, à la fermeté avec laquelle il poussait ses arguments devant le jury, à la méthode simple, claire, nette, avec laquelle il déduisait tout : Quel est donc cet avocat? demandâmes-nous assez intrigué.

C'était *Laërte*. Son visage nous est aujourd'hui bien familier, comme son beau talent.

Ses yeux ont une obliquité assez bizarre, mais ils sont remplis de mouvement et d'activité investigatrice. Rien ne leur échappe. Quand il plaide il n'y a pas un visage à l'audience qu'il n'ait aperçu et dont il n'ait consulté l'expression. Les douze jurés qui sont devant lui sont scrutés, fouillés, jugés, et ce n'est que quand il est parfaitement sûr de leur esprit et de leur attention qu'il porte sur la galerie l'activité de ses deux yeux qui scintillent de ça et de là avec une ardeur qui réclame de tous les côtés le silence et même l'immobilité, car il ne peut souffrir la moindre interruption, le moindre chuchottement autour de lui, pas plus de la part de ses confrères que de celle du public ou de la Cour. Il est à cet égard d'un despotisme intraitable.

Sa mise en scène devant le jury emporte le

regard et oblige à le suivre dans les moindres détails de la pantomime oratoire à laquelle il se livre. Du moment où il se lève de son banc, jusqu'à celui où il s'assied, tout est réglé avec une précision qui ne connaît pas un seul écart. Aux débuts de sa plaidoirie il se tient d'abord rapproché de son banc, puis à mesure qu'il entre dans le cœur de sa cause, qu'il en aborde les parties les plus essentielles ou les plus émouvantes, il se rapproche des jurés; il a la main à portée d'une petite table qui est placée en avant du bureau des magistrats et sur laquelle il jette vivement le papier qui contient en forme de notes le canevas de sa plaidoirie; quand il en est arrivé au point de jeter son papier sur cette table, c'est que la position est enlevée ou va l'être. A ce moment il se montre de trois quarts au public qui remplit le fond de la salle, la main gauche ordinairement appuyée sur sa hanche, tandis que de la droite il dessine perpendiculairement tous les mouvements de sa pensée, tantôt rejoignant ses deux mains avec un bruit énergique, tantôt faisant résonner sa poitrine qu'il attaque à poing fermé, tantôt allant frapper, sous les yeux des magistrats, avec un surcroît de véhémence et d'emportement oratoire, cette même petite table dont nous avons parlé ; mais c'est qu'alors il est arrivé au paroxysme de ses efforts et que la déroute de l'accusation commence.

Personne ne croira que ces détails soient insignifiants quand il s'agit d'un orateur dont la manière a fait école. Rien n'est de trop peu d'importance quand il s'agit d'étudier les procédés même extérieurs de l'art oratoire.

Avec ces accentuations vigoureuses appuyées d'un organe, dont l'éclat vibre avec la force d'un demi cuivre, *Laërte* grave vivement ses plaidoiries dans le souvenir, et l'on a beaucoup de peine en commençant à ne pas imiter involontairement ses façons, tant sa manière d'être est *contagieuse;* il y a du reste quelques jeunes gens qui le copient sans scrupule et qui poussent l'imitation jusqu'à reproduire ses gestes, ses poses, ses allures et jusqu'aux mots qui lui sont familiers. Il n'y a rien à dire puisqu'ils ne lui prennent que cela.

VII

Laërte est d'une taille médiocre, mais bien prise, la poitrine bombée, le mollet plein, la main fine ; il a la tête petite, mais bien faite, semée de quelques cheveux couleur de cendre, ramenés vers le sommet en mèches insuffisantes. Il a la bouche souriante et spirituelle, finement coupée, busquée d'une manière attique, les yeux clairs, un peu devoyés, mais ayant toutes sortes de scintillements ; tous ses traits sont d'un modelé très-délicat et en même temps très-ferme ; — on le rencontre au Palais toujours courant, toujours souriant, toujours parlant, échangeant çà et là quelque joyeux propos avec un confrère. Sa voix résonne gaiement dans les couloirs ; on le reconnaît de loin à son timbre railleur, à sa toque sur l'oreille, à ses cheveux couleur de poussière, à ses gestes franchement délurés, heureuse organisation à laquelle il n'a rien manqué de ce qui peu mener un homme au succès sans lui susciter d'ennemis.

M. MATHIEU

I

Le nom de M. Mathieu a retenti depuis dix ans dans presque tous les grands procès qui ont occupé l'attention publique. Fils de ses œuvres, dans un temps où l'on ne demande à ceux qui veulent parvenir que les titres de leur valeur personnelle, M. Mathieu est un des plus nobles exemples de ce que peut le travail allié à la volonté. Il y a de salutaires leçons dans la vie de ces hommes qui ont lutté, qui ont souffert, et qui, à force d'opiniâtreté contre la fortune, sont sortis victorieux de la lutte, l'âme un peu meurtrie, mais avec une conscience haute, gage des vertus sévères qu'ils porteraient dans la vie publique.

II

M. Mathieu est né en novembre 1814, dans un petit village de la Marne qui porte le nom d'Avize. Son père était un modeste cultivateur qui ne songeait guère pour son fils à une carrière libérale; mais un de ses oncles, respectable vieillard qui avait été prêtre avant la Révolution, frappé de son goût pour l'étude et de ses heureuses dispositions, insista pour qu'on lui fît commencer ses études; c'était un sacrifice dont ses parents ne devaient pas recueillir le fruit, car, avant d'arriver à l'adolescence, le jeune Mathieu était orphelin; à onze ans, il se trouvait sans guide, sans appui, le cœur navré par le souvenir de sa mère qu'il venait de perdre et dont la mort lui fit une impression ineffaçable. Quelques mois auparavant, n'écoutant que les inspirations de sa tendresse, elle l'avait placé au collége municipal d'Épernay (1), où il termina ses études avec de brillants succès.

En 1832, il venait prendre ses premières inscriptions de droit à Paris, encore incertain toutefois de ce qu'il allait faire, sollicité en sens divers par ce souffle de liberté que l'on respire avec une sorte d'ivresse, lorsqu'échappé à l'étreinte du collége on se trouve pour la première fois maître de ses actions. C'est toujours un moment plein de périls que celui-là. L'avenir dépend des premiers pas que l'on va faire, et le moindre hasard peut influer sur leur direction. M. Mathieu connut ce danger, l'ardeur de son imagination et le penchant qu'il avait toujours eu pour les lettres faillirent un moment l'égarer : il fut sur le point de se jeter dans la littérature, vocation illusoire des jeunes esprits, carrière fatale qui a tué les plus belles organisations, où l'activité de l'esprit s'épuise dans des travaux inféconds, loin des occupations viriles qui sont la dignité de la vie.

Le bon sens de M. Mathieu, et peut-être aussi

(1) Alors dirigé par deux frères du célèbre père Loriquet.

quelques déconvenues qu'il eut le bonheur d'essuyer à ses premières tentatives, le préservèrent de cet écueil ; il comprit que l'homme était né pour agir, et non pour dévouer son existence à quelques élucubrations presque toujours dignes d'oubli ; il étouffa dans son cœur toutes ces vaines aspirations, et, avec cette décision d'esprit qui faisait dès cette époque le fond de son caractère, il retourna à Épernay et se mit aux gages d'un avoué pour apprendre la procédure, en même temps qu'il prenait ses inscriptions de droit et passait ses examens.

Au mois d'août 1837, il venait se faire inscrire au barreau de Paris comme avocat stagiaire : c'était de sa part une résolution presque désespérée. N'ayant pu trouver les fonds nécessaires pour traiter d'une charge d'avoué dans son pays, il débarquait un beau jour à Paris, n'y connaissant âme qui vive, sans recommandation, sans appui, n'ayant pour toute fortune que quelques milliers de francs qui lui venaient de son patrimoine, faible provision pour attendre les affaires, ressource suprême et presque sacrée qui devait être le gage de son avenir. Mais les conditions de la vie n'étaient point alors aussi dures et aussi sombres qu'elles le sont devenues. Il avait près de trois ans devant lui. En précipitant sa marche, peut-être brusquerait-il la fortune ; tout au moins, dans l'intervalle, parviendrait-il à jeter les bases de son existence, et, comme il le disait lui-même, conquerrait-il avant l'*échéance* le droit de vivre en travaillant.

L'adversité tue ou mûrit les hommes avant l'âge : M. Mathieu avait vingt-deux ans à peine quand, seul au monde et livré à ses propres forces, il osait entreprendre de se frayer un chemin au barreau.

Ce serait une page à la fois forte et touchante, si elle était dignement écrite, que le récit des épreuves qui attendent un jeune homme, lorsqu'animé d'un noble but, il marche d'un cœur ferme à la conquête de son indépendance. Quelle lutte, et combien d'écueils ! Combien de périls ! Que d'efforts repoussés ! Que de projets entrepris et abandonnés ! Que de difficultés partout ! Que de défaillances ! Que de colères qui retombent sur le cœur ! Que d'imprécations arrachées par le désespoir en se butant de toutes parts contre des obstacles sans cesse renaissants ! Que d'humiliations et de blessures, quelquefois incurables, infligées par la pauvreté ! C'est à ces moments-là que s'amassent dans le cœur des hommes ces trésors de haine qui ont rendu quelques-uns d'entre eux si terribles à de certaines époques, quand le pouvoir brisé est tombé pour un jour dans leurs mains.

Quelle force ne faut-il pas pour résister aux entraînements, pour vivre seul avec ses espérances et son devoir quand le sang de la jeunesse bouillonne dans les veines, quand la voix du plaisir vous appelle ! Quel empire sur soi pour imposer silence à ses passions, étouffer des désirs, des regrets qui se représentent sans cesse, pour stimuler son énergie, apaiser son imagination, rassembler à toute heure sa volonté, relever chaque jour son courage, pour dissiper le chagrin qui s'attache à l'âme comme un cancer, et détruit les facultés quand il se prolonge (1) ! Cette lutte sans fin avec soi-même, qui fait le tourment de l'homme et sa grandeur, parce qu'elle est la preuve de son

---

(1) On trouve dans les *Mémoires de Montholon*, un mot de Napoléon, singulièrement frappant et qui prouve que, même dans cette grande âme, entraînée dans le torrent de l'action, il y avait eu place pour des souffrances et des angoisses de cette nature. « Quand on connaît son mal moral, dit-il un jour à Montholon, il faut savoir soigner son âme comme on soigne son bras ou sa jambe. » Comme tout ce qui sortait de ce prodigieux esprit, cette

libre arbitre, c'est le poëme le plus douloureux et le plus saisissant de la vie : M. Mathieu connut une grande partie de ces combats, de souffrances ; mais il portait au dedans de lui-même un cœur intrépide ; il était décidé à subir toutes les privations, à ne reculer devant aucun effort pour conquérir l'indépendance dans un temps où la pauvreté a remplacé l'antique esclavage, comme si les fictions sociales ne pouvaient rien contre l'immuable nature des choses.

III

Cependant avec les plus belles facultés du monde et le plus intrépide courage, on n'arrive-

---

réflexion est marquée d'une empreinte saisissante ; elle pourrait servir d'épigraphe à un chapitre de la philosophie humaine qui traiterait de l'hygiène morale, étude féconde en enseignements pratiques et qui serait comme le complément de la philosophie.

rait à rien et il faudrait se courber sous la main de la destinée, si à un moment donné on ne trouvait quelque part un protecteur, un appui. Il semble heureusement, et sans que ce soit une vaine formule de langage, qu'une Providence secrète veille sur les existences courageuses, toujours prête à étendre la main au dernier moment, quand la somme de leurs forces commence à être dépassée. C'est ce qui arriva à M. Mathieu : son amour du travail, l'assiduité avec laquelle il suivait la conférence des avocats stagiaires, les succès qu'il y avait obtenus avaient appelé sur lui l'attention de M. Delangle, qui était alors bâtonnier et exerçait avec tant de sollicitude le patronage éminent de cette dignité. M. Mathieu alla le trouver, lui conta sans détour sa position, lui demanda d'une manière touchante ses conseils, son appui. M. Delangle, qui avait été à même d'apprécier ce qu'il valait, ne lui fit point de promesses ; il l'attacha de suite à son cabinet. C'était le salut. Les hommes énergiques savent le prix de l'occasion. Dans cette situation nouvelle, M. Mathieu fit ce que l'on devait attendre d'un caractère comme le sien ; c'est par un labeur infatigable, acharné, qu'il reconnut la protection de M. Delangle, à qui il se rendit bientôt indispensable.

Il devint le premier de ses secrétaires; c'était lui qui dépouillait les dossiers les plus importants, faisait les recherches, accumulait les matériaux, vastes travaux de préparation dont on retire tant de fruit, et qui sont peut-être une initiation indispensable au maniement des grandes affaires. Souvent M. Delangle, ne pouvant suffire aux soins de son immense clientèle, chargeait, à la veille même de l'audience, M. Mathieu de le remplacer à la barre, et le jeune secrétaire apprenait ainsi, de jour en jour, à se mesurer avec les plus illustres adversaires. Tout semblait donc lui sourire, et il se croyait à la veille de réussir, quand un événement inattendu vint lui faire sentir tout à coup la fragilité de sa position. Au mois d'août 1840, M. Delangle fut nommé inopinément avocat-général à la Cour de cassation, et M. Mathieu se retrouva un jour au Palais sans affaires, sans clients, sans relations et sans ressources. Il entrevit une seconde fois sous ses pas l'abîme qu'il avait cru fermé; ce fut une angoisse mortelle, mais elle ne dura qu'un moment. Du poste éminent qu'il occupait, M. Delangle veillait encore sur lui; soutenu, encouragé, appuyé par de hautes sympathies, au nombre desquelles il put compter celles de Paillet et de M. Baroche, il reprit bientôt toute sa confiance dans l'avenir.

A quelque temps de là, il plaidait à côté de M. Baroche dans une affaire qui fit grand bruit à cette époque, l'affaire de Commaille, dans laquelle il avait pour cliente la fille de M. de Brancas, duc et pair, lors de l'instance en nullité de mariage intentée contre elle par son mari.

Cependant, malgré l'éclat de ses débuts et tant de circonstances propices à sa fortune, il fut pendant longtemps obscur encore, et ce n'est qu'en 1854, c'est-à-dire plus de dix années après, que sa position fut définitivement constituée ; mais, dès cette époque, l'autorité qu'il avait acquise au Palais, l'importance et l'étendue de ses relations, faisaient affluer dans son cabinet une partie de la vaste clientèle qui l'environne aujourd'hui, conquête glorieuse que l'avocat ne peut jamais devoir qu'à ses talents et à la confiance personnelle qu'il inspire.

IV

Si l'éloquence tient tant de place dans l'estime des hommes, c'est avant tout parce qu'elle est un instrument de puissance, c'est qu'elle dispose des passions de la foule ; mais cette faculté, si grande qu'elle soit, n'est pas celle qui assure le plus de succès réels au barreau ; c'est l'entente des affaires, la sûreté du jugement, la perception profonde des moyens, la force du raisonnement ; c'est par ces qualités là surtout qu'excelle le talent de M. Mathieu. Son éloquence a un caractère plutôt démonstratif qu'oratoire. S'il n'a ni l'essor, ni l'éclat du langage, qui sont le privilége de quelques organisations exceptionnelles, il rachète le mouvement par la précision, l'abondance par la clarté, l'agrément par la force. Dialecticien énergique, un peu cassant dans la forme, il ne cherche ni ses mots, ni ses effets, l'argument est toujours en saillie dans ses discours comme le jeu des muscles dans le mouvement du corps, et c'est ce qui semble donner parfois un peu de sécheresse à sa parole ; mais elle a une intensité, une véhémence contenue et nerveuse qui tient toujours l'attention en éveil. On voit qu'il tient sous le joug une organisation profondément impressionnable, et qui a eu pendant longtemps à lutter contre les émotions formidables de l'audience.

Il ne faut rien attendre de ceux qui se sont présentés dès le début le front serein devant le tribunal, car ces transes, cette inquiétude mortelle, ces commotions qui retentissent au fond du cœur, c'est la passion, c'est la vie, c'est le souffle avant-coureur de l'éloquence, comme on dit que les trépidations de la pythonisse antique annonçaient la présence du dieu.

A ce propos, M. Mathieu s'est rappelé bien des fois un incident qui le frappa de terreur à ses débuts et faillit l'éloigner à jamais du barreau. Avocat stagiaire, vingt fois il avait parlé avec succès à la conférence et il se croyait bien maître de lui pour toujours : il est appelé à Épernay pour une affaire, il va plaider dans son pays ; l'amour-propre s'en mêle, il médite un triomphe oratoire devant ses compatriotes. A l'audience, la parole lui est donnée, il est muet, on attend, il veut parler, il balbutie, il pâlit, il tombe, on l'emporte. Même chose était arrivée à M. Crémieux, déjà expérimenté, lorsqu'il plaidait devant la Cour des Pairs pour M. de Guernon-Ranville. C'est à travers ces périls et ces épreuves d'un autre genre que se forment ces rares talents que la foule admire sans se douter, à beaucoup près, de ce qu'ils ont coûté à acquérir (1).

Si la personnalité de l'homme se traduit quelque part, c'est à coup sûr dans la parole. Les qualités du talent de M. Mathieu sont celles même de son caractère, la conviction, la dignité, la force. Il parle une langue pressante, correcte, énergique, dont la forme sévère et un peu impérieuse semble faite pour la tribune comme pour le barreau.

Il est un de ceux qui manient le mieux la réplique, cette arme essentiellement française,

---

(1) Cette anecdote manque d'exactitude; ce n'est pas devant un tribunal, mais à la conférence des avocats stagiaires que cet incident se produisit. Il est difficile dans des études biographiques de ne pas tomber çà et là dans quelques erreurs de fait; nous avons mieux aimé signaler celles qui se trouvent dans cet ouvrage, que de retoucher à la dernière heure ces études, qui n'ont déjà que trop coûté à l'auteur.

dont les coups rapides font aboutir la discussion. C'est là qu'il attend son adversaire pour voir à quoi se réduiront ses moyens, pour faire justice de ses sophismes et jeter dans l'esprit du juge les dernières et décisives influences.

Mais s'il n'est pas de plus rude contradicteur, il n'en est pas de plus loyal : avec lui, jamais d'artifice, jamais de surprise. Apre sans violence, amer sans cruauté, jamais, comme il le dit lui-même, il ne fit de l'audience un pilori pour son adversaire ni de ses discours un pamphlet.

La plaidoirie est à la fois une œuvre d'art, de science et de spontanéité, c'est ce qui en fait la plus difficile, la plus compliquée, la plus plus brillante et la plus éphémère de toutes les créations de l'esprit. Visions éblouissantes aussitôt évanouies qu'apparues, que de pages péniblement travaillées pâliraient pourtant à côté de ces improvisations magiques qui s'envolent chaque jour de tant de lèvres éloquentes ! L'écrivain soumettant à force de ratures quelques phrases rebelles et toujours imparfaites, ne ressemble-t-il pas à un nain à côté de l'orateur ? N'est-ce pas le supplice même de l'impuissance que d'écrire avec tant d'effort quand il en faut si peu pour parler ? Aussi les avocats écrivent peu; ils n'en ont ni la volonté ni le temps. Mais Me Mathieu n'a jamais pu se défendre d'une certaine faiblesse pour les lettres; et cela n'a rien de surprenant, car l'on retrouve dans quelques pages écrites par lui les fortes qualités de son langage, jointes aux grâces de l'esprit le plus cultivé.

Comment ne pas rappeler à ce propos l'œuvre biographique, si remarquable, qu'il publiait, il y a quelque mois sur M. Delangle, et dans laquelle on lisait ces lignes auxquelles le barreau s'associe encore :

« La présidence de la Cour impériale a été
» l'une des phases les plus remarquables, sinon
» les plus brillantes, de sa vie déjà longue et si
» remplie. Son intelligence s'y trouvait vraiment
» dans le plein exercice de ses facultés. Où
» trouver au même degré cette alliance rare et
» difficile de la science théorique et de la pra-
» tique des affaires qui en modifie forcément les
» applications? Quelles ressources devait trou-
» ver ce rare esprit pour la solution des pro-
» blèmes judiciaires, dans ces trésors accumulés
» soit au barreau, soit à la cour suprême! Il
» faut l'avoir vu suivant la démonstration des
» avocats avec cette physionomie rayonnante
» d'intelligence, jusqu'à ce qu'il eût saisi la dif-

» ficulté et le moyen de solution. Quel encou-
» ragement on puisait dans son regard étincelant,
» quand sa pensée semblait répondre à la vôtre !
» quelle ardeur même quand il semblait résister
» et se fermer à ce qu'on croyait être la vérité ! Et
» comme le débat tout entier se résumait en un
» lumineux foyer, dans ces arrêts écrits le plus
» souvent sous le feu même des plaidoiries et
» dont quelques-uns sont des chefs-d'œuvre de
» raisonnement et de logique ! »

V

Il y a des hommes dont la bienveillance est sans valeur, parce qu'elle est sans efficacité et se prodigue indifféremment : c'est ce que l'on appelle d'un mot qui n'appartient peut-être qu'à notre langue comme la chose même qu'elle désigne, c'est la *banalité*, dont Machiavel faisait de son temps un grief si vif aux Français (1).

(1) « Ils (les Français) sont tellement préoccupés du bien et du mal présent, que l'avenir n'est rien pour eux

Abonder en démonstrations, serrer également toutes les mains, promettre des services et n'en rendre jamais, tels sont la plupart des hommes dont les faciles amorces attirent après eux la foule des courtisans ; c'est merveille qu'ils puissent tromper une heure sur le néant de leur appui ; leur parole est comme une signature sans crédit qui a connu vingt fois le protêt : ils ont servi tous les partis, ils se sont compromis avec tous, leur habileté consiste à faire croire à tous qu'ils pourront les servir encore. Mais les services qu'ils rendent sont de ceux que l'on désavoue, utiles seulement pour les œuvres occultes, on ne craint ni de les compromettre, ni de les user, on s'en sert comme d'instruments depuis longtemps avilis ; *on emprunte leurs voix pour parler en de certaines circonstances*, mais scandale de tous les partis qu'ils ont trahis tour à tour, du faîte où ils sont montés par les degrés de la corruption, ils n'en restent pas moins écrasés sous le poids du mépris public ; sans dignité, comme sans orgueil,

et qu'ils oublient également les outrages et les bienfaits qu'ils ont reçus : — sont-ils dans l'impossibilité de vous obliger, ils vous accablent de promesses ; sont-ils à même de rendre service, ils le font avec beaucoup de peine, si tant est qu'ils s'y portent. » (Machiavel, *Du Prince*.)

ils n'ont pas même la religion de l'amitié ou de la haine, car leur situation les condamne, tantôt à servir leurs ennemis, parce qu'ils n'ont pas l'audace de les attaquer ; tantôt à immoler leurs amis, parce qu'ils n'ont pas le courage de les défendre, oubliant ainsi, au gré de leurs intérêts, les outrages et les bienfaits qu'ils ont reçus.

M. Mathieu n'est point banal, il ne se prodigue point, il ne recherche point la popularité; c'est un caractère d'une seule pièce ; avec lui on sait de suite à quoi s'en tenir, on lui plaît ou on ne lui plaît pas, il veut ou ne veut pas, dit ou ne dit pas. Il n'a qu'une parole et qu'une volonté.

Il y a dans sa nature quelque chose de contraint et de fébrile, comme chez tous les hommes qui ont longtemps lutté avec les difficultés de la vie, que l'activité dévore, que travaille sans cesse la préoccupation. Tout cela forme en lui comme des ombres qui ne mettent peut-être que mieux en relief les grandes qualités de son caractère. Son âme, un peu hautaine, se refuse aux indifférents ; mais elle est accessible à tous les sentiments élevés ; elle s'ouvre avec expansion à ceux qui en connaissent les sources généreuses. Il est bon sans faiblesse, habile sans fausseté, tenace, circonspect, ambitieux peut-être, mais sans précipitation dans sa marche comme ceux qui savent que l'on ne peut faire qu'un certain nombre de pas dans un jour.

Né du sein du peuple et fier de son origine, il ne partage cependant ni les passions, ni les *préjugés* de la démocratie; on n'est pas avocat, on n'est pas remonté, de près ou de loin, aux sources de toutes les institutions, pour se payer des mots qui sonnent creux et renferment le vide avec arrogance.

Entraîné comme tant d'autres par le grand mouvement libéral de 1830, si la Révolution de 48 lui a enlevé quelques-unes de ses illusions, il est resté ferme sur les principes, sachant bien qu'en fin de compte, c'est moins la forme du gouvernement qui importe que les institutions elles-mêmes et l'usage qu'on en sait faire. Étroitement attaché aux libertés publiques, jaloux de la légalité comme le sont tous les avocats, sa foi politique n'a jamais gêné son indépendance ; il en donnait la preuve, il y a peu de temps encore, lorsque dans une brochure inspirée par les intérêts de son département, il contestait au chef de l'État le droit de déclarer d'utilité publique, par un simple décret, la dérivation des eaux de la Dhuys (1). Honoré de plusieurs distinctions qui sont venues le chercher tour à tour, son dévouement au gouvernement impérial ne l'empêche pas d'associer

(1) « A supposer qu'il y ait là une chose susceptible d'ap-
» propriation, disait M⁰ Mathieu dans cette brochure, où
» les principes de la matière sont déterminés avec la plus
» grande précision, l'expropriation peut-elle en être dé-
» crétée pour cause d'utilité publique en faveur de la
» ville de Paris ?
» Hâtons-nous de le dire, le *sénatus-consulte du 25 dé-*
» *cembre 1852 ne change en rien les termes de la solution*
» *du problème*. Il a gravement innové sans doute en con-
» férant à l'Empereur le droit d'ordonner ou autoriser
» tous les travaux d'utilité publique sans distinction,
» notamment ceux désignés par l'article 3 de la loi du
» 3 mai 1841. Ce qui n'était possible qu'en vertu d'une
» loi l'est aujourd'hui en vertu d'un décret. Et pourtant
» le pouvoir législatif intervient encore pour accorder le
» crédit ou ratifier l'engagement, là où les travaux
» et les entreprises ont pour conditions des engage-
» ments ou subsides du Trésor. Mais ces innovations
» n'ont point altéré les principes essentiels de la matière,
» *et là où, sous l'empire de la loi de 1841, il n'y avait pas*
» *lieu à expropriation pour cause d'utilité publique, elle n'est*
» *pas devenue possible sous l'empire du sénatus-consulte de*
» *1852*. En d'autres termes, l'Empereur *déclare* l'utilité
» publique des travaux, *il ne la crée pas, il n'en crée pas*
» *les conditions;* elles préexistent dans la loi qui les dé-
» termine, dans les dispositions du Code Napoléon, dans
» celles de la loi d'expropriation pour cause d'utilité pu-
» blique. Le décret qui ordonne ou autorise les travaux
» n'est que la mise en œuvre par le pouvoir exécutif de
» ses dispositions qui *dominent et limitent son action*. »

ses vœux avec ceux des hommes éclairés qui attendent et réclament l'extension des libertés.

M. Mathieu a quarante-neuf ans, l'âge où l'esprit est dans sa plus grande virilité chez les hommes de cabinet. Son visage a quelque chose d'ardent et de sévère. Le feu concentré qui brille dans ses regards, l'arc noir de ses sourcils, la pâleur ombrageuse de son front, forment je ne sais quelle opposition vigoureuse avec la couleur de ses cheveux, prématurément blanchis, qui retombent sans recherche, mais non sans grâce, autour de ses tempes. Tous ses traits sont empreints de la plus grande distinction ; ses tempes, légèrement creusées, portent la trace des insomnies ; les muscles de son visage apparaissent légèrement sous la peau, et son visage se détend avec un grand charme quand un sourire s'échappe de ses lèvres légèrement pressées et busquées. Il y a dans son abord ce mélange de hauteur et de courtoisie qui commande involontairement les égards, et donne un prix particulier aux moindres marques d'urbanité de la part des hommes qui appartiennent à la haute compagnie.

Paris, janvier 1863.

Mᵉ NOGENT SAINT-LAURENS

Le barreau de Paris s'appelle *légion :* c'est un immense essaim d'avocats formé de trois générations successivement agrégées et confondues dans le sein de la grande famille judiciaire.

La première se compose des *anciens*, qui sont nés à peu près avec le siècle, et qui ont vu grandir leur renommée dans les jours de la Restauration, tels que MM. Berryer, Marie, Ploque, Crémieux, et tant d'autres dont les noms brillent d'un éclat plus ou moins inégal à côté de ces maîtres.

La seconde, formée de ceux qui sont venus quinze ou vingt ans après les *anciens,* et dont quelques-uns ont depuis longtemps déjà pris une grande place au barreau, tel sque MM. Jules Favre, Lachaud, Grévy, Picard, Emmanuel Arago, etc.

Enfin la troisième génération, qui date de 1847 ou 1848, et compte un certain nombre de jeunes avocats que l'on peut dire *arrivés*, quoique la notoriété *extérieure* ne se soit pas encore attaché à leur nom, tels sont MM. Bétolaud, Delasalle, Trouillebert, Gâtineau, et bien d'autres auxquels l'avenir appartient par droit de conquête.

Le reste est encore plongé dans les limbes et s'agite confusément en dedans du quatrième cercle, qui n'est pas moins infranchissable que celui imaginé par le poëte toscan dans son enfer.

Me Nogent Saint-Laurens appartient à la seconde génération d'avocats dont nous avons parlé.

Il est né à Orange, en 1815, dans les cent-jours, au moment où Napoléon débarquant de l'île d'Elbe traversait la France étonnée, avec une poignée de soldats, et reprenait possession des Tuileries comme au retour d'une partie de chasse.

Cette date porta bonheur au futur député de Vaucluse, qui doit quelques-unes des faveurs de sa fortune à la restauration du régime impérial.

Fils d'un juge du tribunal d'Orange, magistrat fort respectable, mais qui faisait assez maigre chère, il fut destiné de bonne heure, non pas précisément au barreau, mais à la magistrature.

Les premières aspirations du jeune Saint-Laurens le portaient, à ce qu'il paraît, vers des muses moins austères. Son biographe, M. Eugène de Mirecourt, raconte qu'il était doué d'une fort belle voix et qu'il y avait en lui l'étoffe d'un virtuose (*sic*), si cette première vocation l'eût emporté. La poésie prit aussi plus d'empire sur son imagination que ses parents ne l'auraient souhaité.

Un jour, la vue de l'arc de triomphe d'*Aquæ sextiæ*, qui subsiste encore à Orange et qui rappelle la défaite des Teutons, lui inspira une ode à la façon de Pindare, dont il allait déclamer, dit-on, à haute voix les strophes sur les ruines du monument romain.

Mais enfin le moment vint d'être sérieux ; il alla achever à Grenoble ses études de droit qu'il avait commencées à Aix, et, en 1828, il arrivait à Paris avec des lettres de recommandation, dont une pour M. Victor Augier, avocat à la Cour de cassation et père du poëte dont l'Académie couronna les vertueuses combinaisons théâtrales (1).

La célébrité ne se conquiert qu'à Paris ; c'est ce qui rend l'attraction de cette grande ville irrésistible pour ceux qui n'en connaissent pas les vertigineux abîmes. Le jeune stagiaire connut un instant les incertitudes et les perplexités de la profession qu'il avait embrassée. Il essaya de la littérature, ce qui est un des indices les plus certains de l'adversité.

Cependant, à cette époque, le journalisme et le théâtre n'étaient pas encore devenus inaccessibles ; les journaux, entre autres, n'étaient pas, comme aujourd'hui, des forteresses inexpugnables dont le pont-levis ne s'abaisse que devant la garnison qui en garnit les créneaux. Les

---

(1) Dans un temps où le silence règne dans les journaux comme sur le théâtre, cet académicien obtenait, il y a quelques mois, la permission de faire représenter à la Comédie-Française une pièce dans laquelle des hommes respectables étaient livrés avec leur parti à la risée du parterre ; c'est une triste note pour notre époque, qu'il se soit trouvé un public pour applaudir une telle pièce et un académicien pour la faire. M. Veuillot a composé tout un volume pour répondre à l'auteur du *Fils de Giboyer*. C'était trop bien servir la vanité du poëte ; le silence valait mieux, mais un journaliste attaqué peut-il résister à la tentation de faire une brochure ?

écrivains n'étaient pas encore enrôlés, embrigadés, recrutés et brevetés, comme ils le sont de nos jours ; ils ne formaient pas une sorte de franc-maçonnerie qui n'ouvre ses rangs qu'aux initiés ; enfin le talent, à la rigueur, pouvait servir à quelque chose, et la platitude n'était pas encore privilégiée. M⁰ Nogent Saint-Laurens glissa çà et là quelques articles politiques dans les journaux, il écoula au théâtre une ou deux pièces qui ne furent jamais jouées, il en eut assez : il avait compris d'ailleurs que la glèbe littéraire est incompatible avec le Palais.

Protégé par M. Franck Carré, alors procureur général à la Cour impériale de Paris, M⁰ Nogent Saint-Laurens plaida avec succès quelques grandes affaires d'assises qui lui avaient été confiées d'office et qui commencèrent sa réputation. En 1839, son stage était à peine terminé lorsqu'eut lieu l'affaire du 12 juin.

On se rappelle cette incroyable tentative de quelques hommes qui descendirent un beau jour dans les rues de Paris et qui, enlevant successivement à main armée les postes qu'ils rencontraient sur leur chemin, allèrent proclamer à l'Hôtel de Ville la déchéance du gouvernement de Louis-Philippe. On se serait cru à Athènes, où il suffisait de quelques factieux pour s'emparer de la citadelle et établir quinze jours de tyrannie. Les chefs de la conjuration étaient Barbès, Martin-Bernard, Blanqui, dont les deux premiers furent arrêtés avec quarante ou cinquante de leurs audacieux compagnons.

Mᵉ Nogent Saint-Laurens plaida dans cette importante affaire avec plusieurs avocats déjà célèbres du jeune barreau, parmi lesquels se trouvaient Jules Favre, Grévy, Emmanuel Arago et beaucoup d'autres dont nous ne nons rappelons pas les noms. On sait quelle attitude de Scandinave, Barbès affecta pendant le procès ; il refusa d'ouvrir la bouche pour répondre aux questions de M. Pasquier, qui présidait la Cour des pairs ; comme on le pressait de s'expliquer, il laissa tomber ces paroles : « Quand l'Indien est vaincu, quand le sort de la guerre l'a fait tomber au pouvoir de son ennemi, il ne songe point à se défendre, il se résigne et donne sa tête à scalper. » Le lendemain, M. Pasquier ayant fait observer que l'accusé avait eu raison de se comparer à un sauvage : « Le sauvage, reprit imperturbablement Barbès, n'est pas celui qui donne sa tête à scalper, c'est celui qui scalpe. »

Le client de Mᵉ Nogent n'était qu'un conspirateur obscur dont le nom n'a pas d'intérêt. Ce n'est d'ailleurs ni dans les procès politiques, ni dans les affaires civiles que M⁴ Nogent fit sa réputation : ce fut aux assises, chose jusqu'alors assez nouvelle.

Ce genre d'affaires semblait quelque peu dédaigné par les classiques du palais, comme le drame était dédaigné du temps de Racine et de madame de Sévigné. M⁴ Nogent paraît être un de ceux qui ont essayé de transporter le romantisme sur la scène judiciaire; il fit à cet égard, au palais, la révolution que l'auteur des *Misérables* et M. Théophile Gauthier (1), son séide, avaient consommée dans la poétique du théâtre. Dramatiser les plaidoiries par l'accent, par le geste, par le récit détaillé de tous les incidents et de toutes les agitations du crime, fouiller l'âme du scélérat pour y découvrir les sinistres mystères

---

(1) C'est là un écrivain dont la carrière littéraire a été bien fortunée; son plus beau titre de gloire sera d'avoir été nommé plusieurs fois par Balzac dans quelques-unes des pages de *la Comédie humaine*, œuvre immortelle que pillent à l'envie de secs et froids auteurs dramatiques, et dont la lecture a tellement fasciné M. Hugo que, sans s'en apercevoir, il a copié, dans son dernier roman*, tous les procédés et toutes les allures d'un maître à qui il arrive à la cheville. Les contorsions du style et les bigarrures de langage de l'école littéraire, à laquelle M. Gauthier appartient, commencent cependant à n'être plus de mode.

* Les *Misérables*.

de l'assassinat, voilà ce que M⁰ Nogent Saint-Laurens sut faire un des premiers, en jetant sur tout cela une couleur mélodramatique qui fit autrefois bien des enthousiastes.

En 1848, il était arrivé à l'apogée d'une réputation qui ne devait pas s'accroître.

A cette époque, tout le monde voulait avoir sa part de souveraineté populaire. Quoique M. Nogent Saint-Laurens n'ait jamais, que nous sachions, passé pour ambitieux, il eut le désir de faire partie des assemblées républicaines (1).

(1) A l'époque où cette notice fut publiée, M. Nogent Saint-Laurens nous fit l'honneur de nous écrire pour nous prier de rectifier ce passage, en voulant bien nous faire connaître qu'il n'avait « jamais posé aucune espèce de » candidature sous le gouvernement républicain. » Dans le numéro suivant du journal où cet article fut publié, nous nous empressâmes d'accéder en ces termes au désir exprimé par M. Nogent Saint-Laurent :

« La notice biographique que nous avons consacré, dans le dernier numéro de ce journal, à l'honorable M⁰ Nogent Saint-Laurent, contenait une inexactitude dont nous ne nous sommes avisé qu'après coup : nous avons dit qu'en 1848, *M⁰ Nogent Saint-Laurens avait eu le désir de faire partie des assemblées républicaines, mais que sa candidature n'obtint pas à cette époque la faveur qui lui était réservée sous le patronage du gouvernement impérial.* Nous nous sommes trompé, sur la foi de M. Vapereau, qui, dans son *Dictionnaire des Contemporains*, prête à M⁰ Nogent Saint-Laurens cette même candidature de 1848. Il paraît certain que l'éminent député du Loiret n'a point à cette époque brigué les suffrages populaires. Cette rectification

Il avait été de l'opposition sous la monarchie de Juillet, c'était une bonne note ; cependant sa candidature n'obtint pas la même faveur que celle qui lui était réservée sous le patronage du gouvernement impérial. Ce nouveau régime satisfit ses vœux et l'envoya par deux fois au Corps législatif, où il siége encore en ce moment. A la tribune, M. Nogent Saint-Laurens fait profession d'une sobriété de paroles, qui réussirait beaucoup à M. Kœnigswarter.

n'a d'autre intérêt que celui de l'exactitute que nous voudrions apporter dans ces faibles esquisses, fort peu dignes assurément des hommes distingués qui en font l'objet.

» MAURICE JOLY. »
(*La Cour d'Assises*, numéro du 21 juin 1862.)

Le directeur de cette modeste feuille, si malencontreusement nommée, faisait lui-même suivre cette note de l'observation que voici :

« Une autre rectification moins importante : Notre spirituel collaborateur (hélas! c'est écrit) nous apprend dans sa dernière notice, que le père de M. Nogent Saint-Laurens magistrat fort respectable, faisait assez maigre chère. Ce qui est fort exact, c'est que M. Nogent Saint-Laurens le père avait alors et possède encore huit à dix mille livres de rente, et qu'*alors* dans sa province, comme aujourd'hui à Neuilly, où il remplit les fonctions de juge de paix ; homme aimable et très-hospitalier, ses nombreux amis ne se sont jamais plaints de l'excellente chère que l'on faisait chez lui.

» *Le rédacteur en chef :* PAUL FAIEX. »
Cour d'Assises, 28 juin 1862.

Comme avocat d'assises, M. Nogent appartient à une école qui a vieilli, surtout depuis les procédés éblouissants de Mᵉ Lachaud ; sa manière rappelle vaguement celle de mademoiselle Georges dans la tragédie avant l'apparition de Rachel, ou de Lekain avant Talma. Mᵉ Lachaud et lui, si différents, d'ailleurs, se rapprochent l'un de l'autre dans leur manière d'attaquer le jury, de l'*enlever;* c'est le mot dont nous nous servirions s'il n'était pas un peu *extrajudiciaire*. Ce sont des phrases qui se multiplient, des apostrophes, des questions pressantes et redoublées, de certaines locutions démonstratives : « *Qu'en dites-vous, messieurs les jurés?* » — « *Tenez, messieurs, etc.*, » de certaines façons de lancer un argument qui paraissent donner le coup de grâce à l'accusation. La mise en scène de M. Nogent Saint-Laurens est extrêmement agitée, sa voix est d'une vibration intense qui excède parfois le diapason ; il se frappe souvent la poitrine, et comme il est fort bel homme, tout cela fait toujours beaucoup d'impression sur le jury.

Sa figure rappelle d'une manière frappante une médaille antique de Narsès, que nous nous souvenons d'avoir vue à Berlin dans le cabinet du Roi. Sa peau est pâle et d'une couleur légèrement orangée, il y a un gros plis sur son front, et de temps à autre on voit passer sur son visage comme des contractions d'inquiétude et des ombres de tristesse; cependant le contour en est rond et potelé, quoique légèrement détendu.

M. Nogent Saint-Laurens est devenu fort riche par la reconnaissance d'un de ses clients qui lui a laissé, dit-on, près de cinq cent mille francs. Il a à Orange un château magnifique qu'il fait restaurer dans le style du moyen âge. — Et il est officier de la Légion d'honneur.

Paris, juin 1862.

Ici se termine la seconde série de portraits auxquels l'auteur a eu le temps de mettre la main. Combien d'autres figures brillantes ne l'eussent pas tenté, si cette entreprise n'avait point été au dessus de ses forces et n'avait dépassé les limites momentanées de cette publication?

Comment oublier le talent si substantiel et si logique de M° Grévy. (1)

---

(1) C'est une physionomie pleine de relief que celle de M° Grévy : modéré dans ses idées, mais austère dans ses principes et ne se gouvernant que par eux; c'est le type du républicain incorruptible ; il est un des hommes qui ont le plus honoré son parti pendant la Révolution de 48. L'amendement qui porte son nom, et qui consistait à faire nommer par la Chambre le président de la République, était une conception hardie, un coup de maître au profit de la République. Cette motion, qui restera célèbre, montre assez quelle était la clairvoyance et la vigueur de son esprit. Rigide et froid, âpre dans ses convictions, critique excellent mais impitoyable des hommes, il n'a que du mépris pour ceux dont l'ambition aliène la foi politique; incapable de se plier à aucune concession, d'accepter aucun compromis avec sa conscience, il s'est fait une situation à part de son parti, au milieu duquel il est resté un peu trop isolé peut-être. Le Jura se souvient toujours de la sagesse et de la fermeté de son administration,

La séduction de forme de Mᵉ Desmarest.

La déduction tranchante de Mᵉ Allou avec sa parole froide comme l'épée, avec sa grande taille et sa figure de soufre.

Le talent si incisif et si nerveux de Mᵉ Nicolet.

Le coup d'œil de Mᵉ Dutard ce praticien consommé, homme d'audience et de cabinet, dont la parole à je ne sais, quels soubresauts d'éloquence, adversaire singulièrement redoutable, qui pare et qui attaque en même temps, dont les coups se multiplient, qui rase, qui enlève, qui emporte une affaire, discute, impose et conclue avec une rapidité qui donne le vertige.

---

quand il était envoyé dans ce département comme commissaire du gouvernement provisoire ; il a été assez heureux pour n'y froisser personne, et il y retrouverait, encore aujourd'hui, la plus grande partie de ses voix s'il lui convenait de poser sa candidature aux prochaines élections.

Le sentiment et l'imagination méridionale de M⁰ Lefranc.

Le sel attique de M⁰ Picard, dont la parole a moins d'éclat pourtant au barreau qu'à la tribune, rare esprit qui a le privilége de faire chaque année des mots dont on se souvient.

La parole stridente de M⁰ Malapert avec son œil menaçant, et sa tête qu'on dirait empruntée à une fresque de Michel-Ange.

La rectitude et la solidité de M⁰ Forest.

L'adresse d'esprit de M⁰ Busson, sa profusion légère et son habilité à plaider au pied levé.

Le flegme ironique de M⁰ Colmet-d'Ange.

L'Argumentation chaleureuse de M⁰ Blot-Lequesne.

Le verbe robuste de M⁰ Durieux.

La sagacité de Mᵉ Paillard de Villeneuve.

Le savoir de Mᶜ Rivolet.

La clarté de Mᵉ Leblond, un des hommes les plus entendus en affaires et dialecticien des meilleurs.

Le jugement approfondi de Mᵉ Bertin, dont le talent peut manquer d'éclat, mais dont l'esprit est d'une forte trempe, homme de grande expérience, dont les travaux juridiques sont justement appréciés.

TROISIÈME PARTIE

DU JEUNE BARREAU

ET DE SON AVENIR

I

« Je crois remarquer que la génération qui
» s'élève a un caractère dénigrant, froidement
» hautain. Le temps de la jeunesse est le temps de
» l'enthousiasme. Si au lieu de le ressentir, elle
» veut juger, jamais elle ne connaîtra le charme
» profond des arts. En croyant perfectionner
» elle tombera dans la froideur et la séche-
» resse, parce que la source de nos sentiments
» tarit bientôt lorsque, rejettant l'instinct, nous
» voulons examiner de trop près la source de
» nos jouissances. »

Ce jugement, émané d'un écrivain moderne,

dont le nom nous échappe (1), mais où l'on reconnaît une forte main, pourrait, sous plus d'une réserve cependant, servir de point de départ à une appréciation critique des talents qui brillent au sein du jeune barreau.

On chercherait vainement, ailleurs qu'à Paris, cette brillante facilité d'élocution, cette vivacité d'esprit, cette rapidité de conception, cette élégance de forme, cette précision dans la discussion, qui distinguent presque tous les jeunes hommes du barreau parisien. On compte ceux qui n'ont pas de talent, tant ce grand courant de civilisation qui déborde à Paris élève partout le niveau de l'intelligence et développe les aptitudes naturelles.

Il y a dans l'art oratoire, comme dans tous les autres arts, une certaine perfection de *procédé* qui tient jusqu'à un certain point lieu de facultés supérieures. Ainsi au barreau, l'allure facile du discours, la clarté, la netteté d'exposition, la souplesse de discussion, le propos juste et piquant, le talent de résumer, d'abréger, de conclure, sont des qualités du plus grand prix dans

---

(1) Ce doit être Lamennais ou de Bonnald, ce fragment a été pris dans un amas de notes dont les sources ne sont pas toujours exactement indiquées.

le courant habituel des affaires et on les rencontre très-communément parmi les avocats de cette génération. Mais le premier reproche que l'on pourrait adresser à leur talent, c'est de ne pas avoir un caractère bien distinct de personnalité; sans doute, il faut imiter avant d'être soi-même, et cela est vrai, surtout au barreau où le talent ne revêt complétement son individualité que quand on touche à l'âge mûr; mais on remarque que ce n'est point la grande école oratoire de 1830, qui paraît avoir servi de modèle aux jeunes hommes du barreau. L'éloquence des Berryer, des Bethemont, des Chaix-d'Est-Ange, a fait peu de disciples. C'est parmi les avocats de la génération intermédiaire qu'il faut aller chercher la paternité de presque tous les talents qui se sont élevés dans le cours de ces dix dernières années (1).

Il s'est formé avant eux au Palais une classe d'hommes laborieux et positifs, étroitement attachés aux travaux de leur profession, qui, ayant suivi de l'œil la direction qu'ont prise les affaires sous l'influence d'une civilisation qui transporte

---

(1) MM. Allou, Nicolet, Lachaud sont de ceux dont le genre a le plus fait école dans la génération actuelle; ce sont d'ailleurs des hommes de la plus grande valeur.

son activité dans la vie industrielle, se sont appliqués presque exclusivement à l'étude des intérêts pratiques et de la science qui en découle.

Aucune question de jurisprudence ne leur est étrangère, connaissant parfaitement la théorie du droit civil, initiés aux plus intimes secrets de la procédure dont toutes les ressources leur sont familières, leurs adversaires les trouvent inébranlables dans toutes les rencontres où l'intérêt privé peut être engagé ; ce genre de talent veut un esprit ferme, net, juste, une méthode vigoureuse et facile, une expérience consommée ; mais ce n'est point là l'école de l'éloquence, *c'est l'école des affaires*, c'est en quelque sorte un mouvement réaliste qui tend à s'accomplir dans l'éloquence judiciaire et qui crée des errements dont il eût été désirable peut-être de voir le jeune barreau s'affranchir.

Malgré les nombreux talents qu'il renferme, rien n'est encore venu signaler la présence de quelques-unes de ces organisations prédestinées qu'anime et que remplit le souffle de l'éloquence. Ce qui paraît manquer le plus aux avocats de cette génération, c'est la chaleur de l'âme, la passion, l'enthousiasme ; on ne voit pas chez eux de ces inspirations soudaines, de ces expansions généreuses, de ces apostrophes véhémentes qui donnent à la parole tant de puissance; on dirait que le sang de nos pères s'est refroidi dans nos veines, et il le faut bien puisque nous souffrons tant de choses!.....

Nous n'avons plus leur audace virile et leurs énergiques colères; d'où vient cette différence dans le tempérament oratoire des hommes de cette génération? La cause en est dans le malheur des temps et dans la prostration de l'esprit public. L'éloquence, qui ne peut naître qu'avec la vie politique, meurt aussi quand elle s'éteint.

II

Chaque génération porte avec elle le secret de son avenir. En interrogeant ses idées, ses principes, ses tendances, la valeur des hommes qui la composent, on peut juger à peu près de ce qu'elle saura faire, et du degré de vigueur avec lequel elle descendra dans la vie politique. A ce point de vue, il ne serait donc pas sans intérêt de rechercher quels sont les éléments de vitalité de la génération qui se lève et aux destinées de laquelle le barreau est naturellement associé; mais cet examen ne peut se faire sans entrer dans quelques considérations générales qui peuvent trouver leur place dans un ouvrage de cette nature.

Si la France ne possède pas à l'heure qu'il est le meilleur gouvernement, les meilleurs lois, les institutions les plus parfaites qu'elle puisse désirer, ce n'est pas la faute de ses philosophes, de ses législateurs et de ses publicistes.

Dans le domaine des idées, il n'est point de théories sociales ou politiques qu'ils n'aient enseignées; dans le domaine des faits, il n'est point de système qui n'ait été mis à l'épreuve de l'expérience. La France a été tour à tour, monarchique, aristocrate, républicaine, socialiste, impérialiste; où allons-nous à l'heure qu'il est et quel sera notre mode d'existence définitif? C'est dans les temps où nous vivons, le plus formidable problème qui se soit jamais posé devant un peuple.

Cette instabilité qui menace nos institutions, ces commotions périodiques qui ébranlent la société, cette anarchie qui divise les esprits et met chaque jour la guerre civile à nos portes, tiennent en partie au caractère même de notre nation. La France est le pays des *idées* (1). Ce qui a fait l'éclat de sa civilisation est en politique le secret de sa faiblesse. Toute puissante pour concevoir et pour agir, on dirait qu'elle n'a pas le génie pratique des institutions qui fondent l'ordre et la liberté.

Il ne faut pas remonter bien haut pour retrouver la source des théories et des abstractions qui travaillent aujourd'hui notre état social : presque toutes les idées qui forment la base de notre éducation politique nous viennent du XVIIIe siècle. Depuis lors nous n'avons presque rien appris malgré cinquante ans de révolution ; le mouvement des esprits, qui eut lieu à cette époque s'était principalement porté sur l'étude théorique des constitutions et l'organisation des pouvoirs publics dans l'État ; un immense amour du bien public (2) semblait animer toutes

---

(1) Napoléon avait créé un mot pour exprimer cette tendance à l'abstraction à l'idée pure, *l'idéologie*.

(2) C'est une cruelle leçon donnée à l'humanité que l'enthousiasme irréfléchi du progrès peut avoir parfois en politique d'aussi redoutables conséquences que le calcul de la perversité. Quel exemple plus frappant que celui qui en fut donné pendant le cours de la Révolution française ! Quels hommes eurent plus de sincérité dans le patriotisme, plus de passion pour la liberté, plus d'austérité dans le caractère et dans les principes que ceux qui,

les classes de la société et enfantait une foule de projets de réformes dont toutes n'étaient pas, il s'en faut bien, inspirées par une connaissance exacte des conditions de la vie politique et des éléments constitutifs du gouvernement. J.-J. Rousseau entre autres, dont les idées eurent tant de part à la Révolution, ne fut qu'un esprit de doute et d'illusion sur les graves matières dont il s'occupait (1). L'erreur des hommes, qui pré-

pendant les jours néfastes de la terreur, firent taire tous les droits de l'humanité, de la religion et de la justice ! Quels hommes aussi étaient plus réellement éclairés que ceux qui décrétèrent le culte de l'Être suprême, supprimèrent l'unité du pouvoir exécutif et constituèrent le gouvernement des assemblées, oubliant que rien de tout cela n'était dans la nature des choses et n'avait existé dans les mêmes conditions chez aucun peuple ! Dans l'ordre des intérêts économiques, de combien d'autres illusions n'étaient-ils pas le jouet, soit lorsqu'ils proscrivaient le droit d'association dans l'industrie, sous prétexte de la liberté, soit lorsque sous prétexte de l'égalité ils créaient un système de transmission de la propriété foncière qui est la ruine de l'agriculture et le principe de la dépopulation. Le prolétariat moderne est issu de l'œuvre économique de la Révolution. Tout cela n'empêche pas que la Révolution française n'ait une imposante grandeur, mais il ne faut pas non plus se faire des illusions trop naïves sur l'infaillibilité des hommes de 89. Il faut voir ce que le temps en décidera.

(1) C'est lui qui donna l'idée de pacte et de convention comme base de la constitution politique et de l'établissement des pouvoirs, principe qui depuis d'ailleurs a passé

sidèrent aux destinées de la Révolution française, fut de prendre à la lettre et de vouloir réaliser dans l'organisation des pouvoirs

dans notre droit public et que Sieyes a traduit par ces mots, qui sont encore un dogme à l'heure qu'il est : *Une constitution ne peut être que l'ouvrage libre d'une convention entre associés.* Mais Rousseau ne croyait pas complètement lui-même à toutes les théories qu'il professait et qui d'ailleurs n'étaient pas les siennes, puisqu'il les avait empruntées à Loke dont il s'était fait en France l'interprète. Fasciné par le rôle de réformateur, poussé par l'orgueil et la misanthropie à dénigrer les institutions de la France, trop dépourvu de conceptions personnelles et même de connaissances positives pour bien juger ce qu'il voyait, par un contraste des plus bizarres il est le premier à arrêter les esprits sur la pente où il les entraîne. Il aspirait à être lui-même, et il regimbait alors en boutades contre les idées et les théories au gré desquelles il se laissait emporter. C'est ainsi, qu'après s'être longuement étendu sur les avantages de la démocratie, il finit par conclure ainsi : « A
» prendre le terme dans la rigueur, il n'a jamais existé de
» véritable démocratie *et il n'en existera jamais*. Il est
» contre l'ordre naturel que le grand nombre gouverne et
» que le petit soit gouverné. On ne peut imaginer que le
» peuple reste incessamment assemblé pour vaquer aux
» affaires publiques, et l'on voit aisément qu'il ne saurait
» établir pour cela des commissaires sans que l'adminis-
» tration change. » Rousseau indique ensuite les conditions nécessaires pour qu'un pareil gouvernement soit possible : Il faut que l'état soit très-petit; il faut une grande simplicité de mœurs, beaucoup d'égalité dans les rangs et dans les fortunes, peu ou point de luxe. Il ne dissimule pas les défauts de ce mode de gouvernement. « Ajoutons, dit-il,
» qu'il n'y a pas de gouvernement si sujet aux guerres ci-

publics toutes les théories dont l'image plus ou moins parfaite avait séduit leur imagination. L'histoire politique de la France et les convulsions qui l'ont agitée, jusque dans ces derniers temps, ne furent autre chose que la résistance du corps social contre les écarts de principe et le rétablissement violent mais

» viles et aux agitations intestines que le démocratique, ou
» le populaire, *parce qu'il n'y en a aucun qui tende si for-*
» *tement et si continuellement à changer de forme,* qui de-
» mande plus de vigilance et de courage pour être main-
» tenu dans la sienne..... s'il y avait un peuple parfait, il
» se gouvernerait démocratiquement, un gouvernement si
» parfait ne convient pas aux hommes. » (Esprit des Constitutions politiques, livre 3, chap. 5.) — Telle est sa conclusion, c'était bien la peine de tant proner le gouvernement populaire; au surplus, Rousseau est dans l'ordre d'idées où il se place, conséquent avec les véritables théories du régime démocratique. Il n'aurait jamais compris l'étrange application qui s'en est faite de notre temps: « La souve-
» raineté, dit-il, ne peut être représentée par la même
» raison qu'elle ne peut être aliénée; elle consiste essen-
» tiellement dans la volonté générale et la volonté ne se
» représente point; elle est la même ou elle est autre, il
» n'y a point de milieu. Des députés du peuple ne sont
» donc ni ne peuvent être ses représentants; ils ne sont que
» ses commissaires; ils ne peuvent rien conclure définiti-
» vement. Toute loi que le peuple n'a pas ratifiée en per-
» sonne est nulle. Ce n'est point une loi. » (Liv. 3, chap. 15.)
A la bonne heure, que l'on nous donne une démocratie comme celle-là, elle n'aura pas usurpé son nom et nous saurons ce que c'est.

successif des éléments constitutifs supprimés par la Révolution dans le mécanisme des pouvoirs publics.

III

C'est ce que démontre de la manière la plus précise l'économie générale des différentes constitutions que la France s'est données dans cet intervalle.

La Constitution de 1791 jette les bases du *régime constitutionnel*, mais en annihilant le pouvoir exécutif, en l'excluant de toute participation à la confection des lois (1), et en

---

(1) On croyait alors à la possibilité d'une séparation *absolue et radicale* des pouvoirs, en telle sorte qu'ils fussent entièrement indépendants les uns des autres ; c'est dans l'esprit des lois que cette idée avait été puisée, mais Montesquieu, cet esprit si profond et si sage, dont les enseignements nous ont si peu profité, ne précise pas les limites de cette séparation. Il pose seulement le principe en ces termes : « Si dans la monarchie on a séparé le pouvoir

essayant de transporter le gouvernement dans les assemblées elle prépare sa ruine. Ce régime n'est pas viable.

La conséquence des principes pousse bientôt la France dans les voies de la démocratie pure. *La Constitution de* 1793 proclame la souveraineté populaire, le suffrage universel et direct remplace le suffrage restreint ; le régime représentatif est aboli, c'est le peuple lui-même qui sera le législateur, car c'est lui qui votera les lois qui seront présentées à son adoption.

Imitation impraticable des anciennes Républiques, cette constitution n'est qu'un rêve, auquel l'adhésion du peuple ne peut donner la réalité et la vie : le gouvernement révolutionnaire la foule aux pieds. Il n'y a plus de droits, il n'y a plus de libertés pendant la période de la terreur. Mais déjà, par la force des choses, l'unité du pouvoir s'est reconstruite et *quand la Constitution directoriale du* 5 *fructidor, an III*, vient à son tour, tout a changé. Le pouvoir exécutif a passé des mains (1) d'une assemblée dans celles

---

exécutif de la puissance législative, c'est pour empêcher le pouvoir de faire des lois tyranniques pour les exécuter tyranniquement. »

(1) Ce retour graduel vers l'unité monarchique est cu-

de cinq membres; le peuple n'exerce plus le pouvoir législatif que par délégation. Le suffrage à deux degrés est substitué au suffrage universel et direct.

C'est un premier retour aux principes, mais l'esprit de réaction qui emporte la France va la jeter d'un extrême dans l'autre, de l'anarchie dans le despotisme. *La Constitution consulaire du 22 frimaire, an VIII*, prépare l'Empire à l'aide de combinaisons *qui annihilent le pouvoir du peuple en ayant l'air de le maintenir*. L'élection est passée au crible de trois degrés. Le pouvoir législatif se décompose en deux assemblées, dont l'une vote les lois et l'autre les discute sans les voter, combinaison jusqu'alors inouïe qui annule en fait la représentation nationale, car l'initiative des lois n'appartient qu'au chef de l'État, dans mains duquel tous les pouvoirs sont monstrueusement cumulés; il n'y a plus de nation, il n'y a qu'un homme qui se donne en spectacle à l'univers.

L'Empire passe, il tombe par l'excès de sa concentration et de sa force; *la Charte de 1814*, conception d'une haute sagesse, l'histoire le

---

rieux à observer : une *assemblée*, une *convention*, des *directeurs*, trois *consuls*, un *consul*, un *empereur*.

dira, quelles que soient les fautes qui ont perdu cette malheureuse monarchie, la Charte rétablit l'équilibre des pouvoirs et les véritables principes qui doivent présider à leur organisation. Le pouvoir exécutif dépouillé d'attributions arbitraires, mais rendu à son indépendance et à sa force, participe à la confection des lois dans la mesure nécessaire. L'élément aristocratique, contre-poids de l'autorité royale, est reconstitué en partie par l'institution de la pairie héréditaire, école des hommes d'État et dépositaire inviolable des droits publics. Quelques dispositions exorbitantes du droit constitutionnel existaient encore dans cette constitution ; mais enfin tous les principes, tous les droits de 89 étaient consacrés.

Si la France eut supporté ce régime (1), qui

___

(1) On ne parle pas ici de l'acte additionnel de 1815, qui ne fut qu'une consécration de la Charte. La seule différence qui les distinguât c'est que la charte avait été *octroyée* par Louis XVIII conformément aux traditions de l'ancienne monarchie et que Napoléon, suivant les errements nouveaux, devait soumettre l'acte additionnel à l'acceptation du peuple Français qui l'eût évidemment ratifiée comme il avait fait pour toutes les autres constitutions, si les événements ne fussent venus comme toujours annuler ce nouveau pacte social. Ce sera du moins la gloire de Napoléon d'avoir accepté, avant de descendre

lui donna des libertés qu'elle n'avait jamais eues, si des circonstances fatales n'avaient pas amené la chute de la monarchie, qui peut dire à quel degré de grandeur et de civilisation elle eut pu parvenir ? Après la chute des Bourbons, le cours des expériences désastreuses recommence. La Révolution de 1830 mesure d'une main avare le pouvoir du nouveau souverain, auquel manque tout à la fois et la sanction populaire et la consécration traditionnelle de la légitimité. Son trône sans fondement s'écroule, et par un égarement qui semble nous avoir frappés de vertige, la France recommence toutes les utopies constitutionnelles de la première Révolution française, l'omnipotence des assemblées, l'affaiblissement calculé du pouvoir exécutif, les déclarations de principes de droits et de devoirs. A quoi donc servent les leçons de l'histoire si c'est pour retomber toujours dans les mêmes fautes et recommencer les mêmes expériences (1) ? *La Constitution de* 1848 disparut à son tour, on sait le reste.

---

du trône, toutes les libertés que la France n'a point à l'heure qu'il est sous un souverain qui porte le même nom que lui.

(1) Il y a malheureusement encore aujourd'hui en France un grand nombre de gens qui, s'ils avaient le pou-

IV

De quelle foi, de quelles espérances, de quel courage peut être animée la génération actuelle, quand elle jette les yeux sur le passé et lorsqu'elle considère le présent?

Ce qui faisait la force des hommes de 1830 et de 1848, c'est que tout en s'égarant, ils pensaient marcher vers un grand but. Pleins des souvenirs de la Révolution, ils se croyaient appelés à terminer son œuvre, et leur patriotisme

voir entre les mains, reprendraient identiquement le même programme, qui écriraient *liberté, égalité, fraternité* sur les murs, exigeraient qu'on se tutoyât et que l'on s'appelât citoyen, aboliraient les titres de noblesse, déclareraient le droit à l'assistance, organiseraient le travail, exigeraient que la France allât renverser tous les trônes et voudraient que l'humanité entière se confondît dans un baiser fraternel. Tant que ces pauvretés là enflammeront les cerveaux de la jeunesse, jamais nous n'aurons la liberté, qui ne se repaît pas de chimères, mais qui vit de réalités.

s'exaltait au contact de l'opinion publique qui semblait les encourager dans cette entreprise.

Les destinées de cette génération ont été tout autres, elle est arrivée à l'heure des déceptions, au moment où la France faisait ses dernières et plus désastreuses expériences. Elle ne fut point élevée à l'école de la liberté, qui élève et fortifie l'âme, elle eut le spectacle de toutes les défaillances, elle vit des événements qui renversent la raison et qui semblent la négation de tous les principes. A peine naissait-elle à la virilité que son essor s'est trouvé comprimé; née au milieu du bruit des révolutions, elle s'est développée dans le silence.

Ces observations peuvent s'appliquer au jeune barreau, qui est une des portions les plus éclairées de la génération actuelle. Ce que l'on ne peut à ce sujet s'empêcher de remarquer, c'est que les avocats de cette période sont en retard sur ceux qui les ont précédés. Ce sont pour la plupart des hommes de trente à trente cinq ans; à cet âge, les Berryer, les Dupin, les Barrot, étaient déjà en possession de la renommée et s'étaient mêlés à la vie politique. Cette différence de fortune tient à ce que les circonstances n'ont point été aussi favorables aux avocats de cette génération. L'éclat persévérant des grandes réputations qui les ont précédés en les jetant momentanément dans l'ombre, ne leur a point encore permis d'entrer dans la carrière des grands procès, où quelques-uns d'entre eux eussent déployé des facultés de premier ordre. Leur heure n'est pas encore venue, elle s'avance.

Une observation qui frappe aussi, quand on considère la maturité d'esprit et la vigueur de caractère de quelques-uns des hommes qui appartiennent au jeune barreau, c'est leur indifférence apparente pour les choses de la politique. Au début de leur carrière, n'ayant point trouvé de ce côté d'élément à leur activité, ils se sont repliés dans les travaux de leur profession et paraissent s'être entièrement désintéressés dans les événements intérieurs auxquels la France assiste depuis l'Empire. Au moment où nous sommes, au milieu de la lutte qui vient de s'engager sur le terrain des élections, rien n'est plus digne d'attention que l'attitude du jeune barreau. L'élite des hommes qui le composent s'abstient de toute candidature et assiste en souriant aux manifestations présomptueuses de quelques jeunes gens que l'opinion publique prend peut être pour la plus haute expression des forces intelligentes de la génération actuelle.

Il ne faut pas se tromper sur la signification de cette attitude et la regarder comme une abdication ; un coup d'œil jeté sur l'état moral et politique de notre pays suffit pour l'expliquer.

La France, épuisée par cinquante ans de révolutions semble s'être jetée dans les bras de l'Empire afin de pouvoir réfléchir en silence sur ses destinées. Ce repos, il est vrai, ressemble à une léthargie mortelle, mais rien n'a pu l'en arracher encore (1). Comment en serait-il

---

(1) C'est au point qu'à l'heure qu'il est, au milieu de la lutte électorale actuellement engagée, quand le droit, quand le pouvoir de manifester sa pensée appartient pour un instant aux hommes libres qui aspirent à représenter leur pays, c'est à peine si l'on entend çà et là quelques faibles échos de ce qu'il faudrait savoir dire dans un moment comme celui-ci : A travers les professions de foi qui se croisent de toutes parts, c'est à peine si l'on en peut compter quelques-unes qui méritent d'arrêter les regards. Ce sont des idées vagues, indécises, qui ne portent point, qui ne touchent point aux questions cependant si graves que la fatalité des temps a posées. Parmi cette quantité de circulaires sans couleur, il en est une pourtant que nous avons remarquée et dont nous prenons plaisir à citer ici un extrait, parce qu'elle est inspirée par des sentiments virils et qu'elle fait honneur au barreau dont est membre le signataire de cette pièce.

« Ce ne sont pas des promesses, ce sont des réalités qu'il nous faut, dit M. Bozérian, aux électeurs de la 2ᵉ circonscription de Loir-et-Cher. (*Opinion nationale* du 21 mai 1863.)

autrement et où sont les forces organisées, où sont les idées, où sont les hommes sur lesquels le pays pourrait se reposer? La France est divisée en partis qui se haïssent et se déchirent au lieu de s'entendre sur

» Ces réalités, pour moi, sont, à l'intérieur :
» La restitution de toutes les libertés que nous avons perdues;
» Une part d'action plus grande rendue aux pouvoirs politiques que la Constitution a élevés à côté de celui du souverain ;
» La résurrection de la vie municipale;
» Une gestion vraiment économe de la fortune publique ;
» La cessation de ces déficits, qui changent en déceptions les prévisions optimistes des budgets:
» Le renoncement à l'abus des influences administratives, qui ne peuvent que fausser l'expression de l'opinion publique ;
» L'abrogation des lois d'exception qui livrent les citoyens à la merci du pouvoir;
» Enfin toujours et partout, le règne de la loi substitué au régime de l'arbitraire.
» Ces réalités, pour moi, sont à l'extérieur :
» Une politique grande, sincère, qui apprenne aux puissances étrangères à ne jamais douter de la parole de la France, comme elles ne doutent jamais de son courage;
» L'abandon de ces entreprises aventureuses, qui engloutissent dans un gouffre sans fond le meilleur de nos finances et le plus pur de notre sang.
» Je vous ai dit mes principes. Les deux mots qui les sont : « La loi! la liberté! »

les principes et sur les droits qui dominent en définitive toutes les questions de dynastie. Ils songent à se concerter actuellement; c'est pour le mieux, mais où sont leurs partisans, où sont leurs forces, de quels éléments d'action disposent-ils? Quelques vétérans des anciennes luttes parlementaires, écartés depuis quinze ans de la scène politique, se préparent à y reparaître ; ce sont des ombres, le pays les reconnaîtra-t-il? Mais le peuple lui, ne les a jamais bien connus. Parmi eux, les uns, attachés à des doctrines politiques que l'expérience paraît avoir confondues, sont encore sous le poids de fautes qu'ils ont commises quand ils ont été au pouvoir (1) ; les autres, tout en représentant des idées et des opinions qui sont celles d'une grande majorité de la nation, n'éveillent plus qu'une sympathie impuissante auprès des classes éclairées.

Une dissolution profonde a désorganisé toutes les forces, tous les liens, tous les principes qui constituaient en France une société. Il n'y a plus actuellement de société française, il n'y a

---

(1) Mais les hommes de 1848 étaient tous des gens de bien; il n'en est pas un seul dont la corruption ait approché, quel qu'ils aient été en politique, il n'en faut pas moins se découvrir devant eux dans l'époque où nous vivons, et les compter parmi les plus fermes appuis de la liberté.

qu'une aglomération d'individus s'agitant confusément au milieu de l'anarchie morale la plus profonde qui ait jamais été.

Les hommes politiques se tiennent épars à la surface, les hautes classes (1) se sont retirées du bruit de ce monde, le peuple est plongé dans une ignorance des conditions de la vie politique et du gouvernement (2) qui est la honte de notre civilisation. Un machiavélisme infernal s'empa-

---

(1) On entend par là les débris de l'ancienne aristocratie.

(2) C'est un fait malheureusement très-certain que l'ignorance dans laquelle le peuple se trouve à cet égard. Son bon sens naturel, ne peut le préserver des erreurs dans lesquelles il est entretenu par l'obscurantisme des doctrines démagogiques. Un seul fait peut donner une idée de son développement intellectuel, c'est l'immense influence qu'a sur lui certain journal pseudo-libéral, *le Siècle*. Dans les classes ouvrières mêmes, à Paris, ce journal est un oracle. Que dire de plus? Cette feuille, sur le programme de laquelle l'*Opinion nationale* s'est calquée, ne doit son influence sur les masses qu'à des plaisanteries quotidiennes répétées depuis trente ans, sur la religion ou sur le clergé, qu'à des phrases sonores et vides de sens, dont la badauderie de ses lecteurs ne se lasse jamais. Il en résulte que, pour avoir aujourd'hui quelqu'action sur le peuple, il faut lui répéter les mêmes idées, les mêmes phrases, le bercer des mêmes théories creuses, le tromper, lui mentir sur ces véritables intérêts. Rien ne paraît plus odieux que le monopole du journalisme quand on le voit placé dans de pareilles mains et quand on sait à qui il donne la prépondérance sur l'opinion.

rant des préjugés et des passions populaires a propagé partout une confusion de principes qui rend toute entente impossible entre ceux qui parlent la même langue et qui ont les mêmes intérêts.

V

Dans des circonstances pareilles, quelle part d'action pouvait revenir aux hommes qui représentent dans la génération actuelle l'esprit et les idées du jeune barreau ? aucune, quant à présent ; si la liberté eut existé en France depuis douze ans, nul doute que des individualités plus ou moins puissantes ne se fussent déjà révélées, et le pays connaîtrait à l'heure qu'il est, des noms nouveaux auxquels il pourrait se rattacher, mais cette génération n'ayant point été appelée à la vie politique, le parti de l'action a dû se personnifier de rechef dans les hommes des anciens gouvernements. Ce sont eux en partie qui nous ont fait les destinées que nous avons, il est juste qu'ils en aient la responsabilité; ils ne pourraient sans défection quitter le combat dans lequel ils ont succombé et dans lequel nous aussi nous avons été défaits. Ce n'est pas seulement leur droit, c'est leur devoir d'essayer de relever nos libertés; ils ont compris que l'abstention était un jeu de dupe (1). S'abstenir en effet, ce n'est pas seulement s'annihiler soi-même, c'est annihiler les forces, les principes, de ceux qui viennent après vous, c'est faire acquérir le bénéfice de la prescription à ce que l'on réprouve. Les protestations de la justice et du droit sont immortelles alors même qu'elles sont foulées aux pieds, et les transmettre comme un dépôt sacré à ceux qui vous suivent; c'est encore faire œuvre de citoyen.

On ne peut faire qu'un reproche aux hommes

(1) Proudhon, qui n'est pas pour l'action électorale, remarque cependant avec beaucoup de justesse* que la Constitution de 1852 s'étant déclarée essentiellement modifiable, le serment qu'on lui prête implique une sorte de non sens, puisque l'on ne peut pas s'engager envers elle à plus qu'elle ne s'engage elle-même.

* *Les Démocrates assermentés.*

qui sont appelés à représenter l'opposition, c'est de s'être isolés dans leur action, c'est d'avoir procédé par voie d'exclusion et de coterie dans leurs comités, et de n'avoir fait éclore de toutes parts que d'insignifiantes médiocrités au lieu d'attirer à eux ce qu'il y a d'ardent et de fort au sein de la jeunesse. L'élite du jeune barreau se fut empressé d'accourir sur leurs pas et de leur servir d'auxiliaires ; il s'est tenu froidement à l'écart, en voyant qu'on ne lui demandait pas son concours.

Peut-être, d'ailleurs, cette attitude est-elle plus habile que ne le serait une participation active aux agitations du moment : la réaction libérale qui se produit actuellement en France n'est encore qu'un mouvement d'avant-garde, le pays aura besoin d'hommes nouveaux qui ne se soient point encore jetés dans la lutte des partis. Au milieu de la mêlée qui se prépare, parmi les déguisements de toutes sortes qu'emprunte l'ambition pour se faire jour, on ne sait où reconnaître les siens ; il peut être prudent de ménager ses forces et d'attendre son heure.

Quoiqu'il en soit, un spectacle bien curieux va être donné au pays si les hommes des anciens gouvernements, dont les candidatures sont aujourd'hui posées, parviennent à pénétrer dans la Chambre nouvelle. On ne peut supposer qu'ils aient pris cette résolution extrême, uniquement pour renforcer passivement l'opposition et se tenir sur la défensive ; la crise électorale qui les a arrachés à leur retraite est le signe d'une perturbation profonde, dont les effets vont se produire pendant la nouvelle période législative.

Quelle sera l'attitude du gouvernement devant cette résurrection des hommes des anciens partis comme on les appelle (1) ? Le pays les a vus à l'œuvre autrefois, il attendra beaucoup d'eux. Que feront-ils et que diront-ils? Qui ne sent tout ce qu'il y a d'intérêt palpitant dans cette situation nouvelle, qui va mettre le gouvernement Impérial en face de la raison supérieure de la nation.

Il ne faut point se dissimuler tout d'abord que le souffle de liberté qui court en ce moment en France n'émane point des sources

---

(1) Rien n'est plus enfantin que de pousser des hourrahs contre les anciens partis. Ces partis ont régné, ils étaient alors des principes et d'autres principes n'étaient alors que des partis.

Ainsi sont les partis dans leur rage obstinés,
Aujourd'hui condamnant et demain condamnés.

populaires. Tant que le peuple n'aura pas reçu une autre éducation politique, le meilleur de tous les gouvernements sera toujours, à ses yeux, celui qui lui donnera du pain, il ne mesurera les bienfaits de la civilisation, que par la somme de bien-être momentanée qu'il trouvera dans l'ordre de choses établi. Les droits politiques, qui sont si chers à la portion éclairée de la nation, ne sont rien, ou presque rien à ses yeux, parce qu'il n'a ni le temps, ni le pouvoir, ni la volonté de les exercer, et qu'il sera toujours facile de faire passer pour une minorité factieuse, ceux qui réclament en son nom des droits qui ne sont pour lui qu'à l'état de pure faculté.

Cependant le conflit s'engagera. Fidèles à leur passé, à leur religion politique, les hommes qui vont reparaître dans la nouvelle Chambre redemanderont tout ce que la France a perdu, et de deux choses l'une, où le gouvernement sera obligé de faire un nouveau coup d'État, où il devra donner satisfaction aux besoins qui lui seront exprimés. Mais quand on est assis dans la plénitude du pouvoir, quand la masse du pays ne se plaint pas, quand elle ne voit pas ce qu'on lui montre, il est bien difficile à un pouvoir quel qu'il soit, de signer une abdication partielle de ses droits; or il ne s'agirait de rien moins, dans les circonstances actuelles, que de faire rentrer le pays dans les voies constitutionnelles, et d'apporter à la constitution actuelle des modifications si profondes, qu'il n'en resterait pour ainsi dire que le principe, la souveraineté populaire et le suffrage universel qui en est l'expression.

VI

Jetons un coup-d'œil sur la constitution de 1852, voyons quel en est le mécanisme, et quelle part elle fait au peuple dans le gouvernement de la chose publique.

« L'Empereur, est le chef de l'État; il com-
» mande les forces de terre et de mer, déclare
» la guerre, fait les traités de paix, d'alliance
» et de commerce, nomme à tous les emplois,

» fait les réglements et décrets nécessaires à
» l'exécution des lois (art. 6.) »

Rien de mieux, dans tous les pays du monde comme dans toutes les constitutions qui régissent les États, de pareils droits sont inhérents à la puissance exécutive.

« La puissance législative s'exerce collective-
» ment par l'Empereur, le sénat et le corps
» législatif (Art. 4). »

Cet article est la reproduction du principe écrit dans nos chartes, seulement voici venir un article qui en restreint profondément le sens et la portée.

« Il (l'Empereur) a seul l'initiative des lois
» art. 8.) »

Dans le réglement actuel des pouvoirs publics, le corps législatif n'a même pas une faculté qui lui avait été réservée par la constitution consulaire de l'an VIII, le droit d'indiquer à titre de vœu tel ou tel projet de loi qui lui paraîtrait utile dans l'intérêt du pays. Par l'effet de cette exclusion, l'Assemblée nationale perd la plus grande partie de son caractère législatif; elle n'est qu'une Chambre d'enregistrement et de contrôle. Il est vrai que la Chambre vote et discute les projets de loi qui lui sont proposés par le souverain ; il est vrai encore, qu'elle peut les amender en vertu d'un *octroi* récent, mais voter des lois sans pouvoir les proposer, les amender même, est-ce les faire ou seulement les sanctionner? L'innovation est si grave qu'on n'en pourrait, signaler ici les conséquences; elles sautent aux yeux.

Deux autres corps politiques sont placés à côté du Corps législatif, et peuvent au gré de leur organisation et des lois de leur établissement, compléter ou restreindre l'indépendance législative : le sénat et le conseil d'État. La constitution de 1848 avait imaginé une combinaison nouvelle et fort ingénieuse, qui en séparant le conseil d'État du pouvoir excutif, en faisait une puissance considérable et resserrait étroitement ses liens avec le Corps législatif, expression de la volonté nationale.

Dans la constitution qui nous régit, cette séparation n'existe plus, les membres du conseil d'État sont nommés par le souverain, ils en reçoivent les inspirations, ils parlent au nom du gouvernement. Pourtant, cette organisation qui d'ailleurs n'a rien de nouveau, n'est pas conforme aux principes de la Révolution de 1789, dont l'effort avait été précisément de dégager l'État de la personne du souverain, en telle sorte que le conseil d'État, dans la pensée de ceux qui l'avaient reconstitué, associé par eux à la puissance législative, devrait dans une certaine mesure participer de son indépendance.

Quant au sénat, c'est autre chose encore. La monarchie des Bourbons, s'inspirant de l'exemple de l'Angleterre et des traditions de l'ancienne France, avait institué une pairie héréditaire. Le roi en nommait bien les membres, mais une fois nommés par lui, ils s'appartenaient, ils étaient rendus à l'esprit de l'institution, et comme tous les corps possibles ils ne pouvaient obéir qu'aux intérêts dont ils étaient l'expression. La Révolution de 1830, par une jalousie de caste, qui pouvait bien avoir son excuse dans les préventions populaires, mais qui n'eût pas dû imposer silence à la raison politique, institua une pairie à vie, qui n'était plus qu'un rouage inutile. On n'a retenu que l'inamovibilité qui n'était plus qu'une garantie insignifiante.

Les attributions du sénat actuel sont fort belles, elles le seraient bien plus, et surtout elles seraient bien plus réelles, si ce corps était constitué d'après les principes qui président aujourd'hui à l'établissement de la représentation nationale.

Il suffit de lire les attributions du sénat pour comprendre combien elles sont formidables;

si ce corps politique est placé trop près du pouvoir :

« Le sénat est le gardien du pacte fondamental
» et des libertés publiques ; aucune loi ne peut
» être promulguée avant de lui avoir été sou-
» mise (art. 25.) »

Le sénat s'oppose à la promulgation ;

« 1° des lois qui seraient contraires ou qui
» porteraient atteinte à la constitution, à la reli-
» gion, à la morale, à la liberté des cultes, à la
» liberté individuelle, à l'égalité des citoyens
» devant la loi, à l'inviolabilité de la propriété,
» et au principe de l'inamovibilité de la magis-
» trature. »

« 2° De celles qui pourraient compromettre
» la défense du territoire (art. 26.) »

« *Le sénat règle par un senatus-consulte.* »

« 1° etc. »

« 2° *Tout ce qui n'a pas été réglé par la*
» *constitution et qui est nécessaire à sa marche.* »

« 3° *Le sens des articles de la constitution*
» *qui donnent lieu à différentes interprétations*
» (*art. 27.*) »

« Ces senatus-consulte seront soumis *à la*
» *sanction* de l'Empereur et promulgués par lui
» (art. 28.) »

« Le sénat maintient et annule tous les actes

» qui lui sont déférés comme inconstitutionnels
» par le gouvernement, ou dénoncés pour la
» même cause par les pétitions des citoyens
» (art. 29.) »

Tout cela est magnifique, et il n'y manque qu'une chose pour que le sénat français soit un sénat romain, c'est que l'institution soit autonome.

Il y a ensuite une chose que la constitution n'explique pas, c'est la différence qu'il y a entre les lois, les décrets, et les sénatus-consultes. C'est encore quelque chose pour une assemblée politique que d'avoir le droit de voter les lois, même quand elle n'en a pas l'initiative; mais à une condition, c'est qu'elles soient toutes délibérées dans son sein; pourquoi quelques-unes d'entre elles s'appellent-elles *décrets*, et d'autres *lois;* quels sont les objets des lois? quels sont les objets des décrets?.....

VII

On a peu réfléchi à tout cela en France, et il est peu de démocrates qui aient porté la question sur ce terrain où la force des choses la portera quelque jour dans le cours de la nouvelle session qui va s'ouvrir. Si les débats qui doivent s'engager dans la Chambre nouvelle, ne devaient porter que sur des points de détail et se borner à de la *chicane*, ce ne serait pas la peine d'avoir fait sortir du fourreau tant de vaillantes épées. Il faut que le pays soit rendu à tous ses droits, sans exception d'aucune sorte et sans temporisation aucune. Pour une nation, comme pour un individu, la loi est la même, il faut qu'elle vive de sa vie propre ou qu'elle meure. Les intérêts matériels sont aussi égoïstes qu'aveugles sur ce qui les touche quand ils s'imaginent que tout est assuré quand la tranquillité est constituée, n'importe à quel prix ; c'est l'avenir qu'il faut fonder sous peine de recommencer au plus prochain jour toutes les expériences douloureuses que nous avons déjà faites.

La première nécessité, c'est évidemment de compter avec les besoins de son époque. L'immense difficulté de ce temps c'est d'accorder le présent avec le passé, dont les éléments n'ont pas disparu et ne pouvaient disparaître. Les partis représentent le passé ; ceux qui parlent de les détruire sont d'étranges hommes d'État

En vertu de quel droit un parti en détruirait-il un autre? Et comment ne voit-on pas que chacun d'eux est l'expression d'un élément social d'une fraction de la nation qui a le droit comme toutes les autres de vivre et d'être représentée. Que l'on prenne tous les partis les uns après les autres, et l'on y trouvera l'expression de besoins et d'intérêts légitimes qui ont tous des titres égaux à être protégés. Il faut bien les faire concourir ensemble si l'on ne veut qu'ils se déchirent dans une perpétuelle anarchie, s'arrachant tour à tour le pouvoir au gré des événements qui les élèvent ou qui les abaissent (1).

(1) Il est bien peu de points sur lesquels toutes les opinions ne s'entendissent, si elles renonçaient à se calomnier et si elles consentaient à se faire des concessions réciproques. *Orléanisme, républicanisme, socialisme,* ne sont que des personnifications d'intérêts, d'influences, de forces morales qui ont tous leur raison d'être.

Le principe de la *légitimité*, dénaturé avec tant de noirceur par la haine révolutionnaire, n'est lui-même que l'expression d'un dogme politique et religieux, dont aucun gouvernement, quelle que soit sa forme, ne pourrait se séparer. C'est le symbole de l'idée religieuse dans les institutions humaines. Qui donc, à moins de faire profession d'athéisme, repousserait ouvertement ce principe? Et la preuve qu'on ne le peut pas sans danger c'est que les gouvernements même, qui se proclament issus de la souveraineté populaire, se réclament de l'investiture divine tout aussi bien que les vieilles dynasties. L'Empereur des Français s'intitule *par la grâce de Dieu* d'abord et la

Vouloir que toutes les classes de la société aient les mêmes intérêts, les mêmes volontés, les mêmes mobiles, la même éducation (1), c'est une idée chimérique, c'est cette diversité d'éléments sociaux, qui fait la grandeur et la puissance morale d'une nation ; le devoir de tout gouvernement c'est de les concilier, en leur faisant à chacun une part légitime d'influence ; essayer de les détruire, ce serait une œuvre de barbarie, si ce n'était heureusement une entreprise impossible.

A quelque opinion que l'on appartienne, quelque sympathie que l'on puisse avoir pour telle ou telle chose du passé, on ne peut plus songer à reconstruire le pouvoir avec les éléments que la Révolution française a détruits. Ainsi que Chateaubriand l'a dit le premier : On ne peut ni re-

---

volonté nationale ensuite ; on ne pourrait supprimer ce premier titre d'investiture ou le déplacer, sans opérer une révolution religieuse qui ramènerait les fêtes de la déesse *Raison* et le culte de l'Être suprême, renverserait le catholicisme et l'État avec lui.

(1) Au point de vue de l'art, de la religion, de la philosophie, enfin de tout ce qui constitue la civilisation d'un peuple que ne pourrait-on pas dire contre l'unité odieuse que l'on voudrait imposer à la société française ! Croit-on que notre nation eût jeté dans le monde l'éclat qui l'environne si nous avions été homogènes à la façon des Américains ; nous avons nivelé les rangs, ne nivelons pas les intelligences.

constituer l'aristocratie, ni relever les parlements, ni rétablir les corporations, ni rendre au clergé son ancienne constitution (1). L'autorité, le pouvoir est fondé aujourd'hui sur la souveraineté populaire; c'est une base qui ne peut plus être changée, quel que soit le sort réservé à nos institutions; c'est avec ce principe nouveau qu'il faut vivre. Toute la difficulté consiste à savoir comment on pourra l'appliquer, comment se régleront les pouvoirs, comment s'organisera la démocratie pour fonctionner politiquement dans l'État. C'est là que commence un problème, devant lequel la raison ne peut s'arrêter sans trouble (2).

(1) Il faut bien répéter ces banalités là, puisqu'il y a encore aujourd'hui des gens qui parlent des dîmes, des jurandes, du droit d'aînesse, et qui se croient menacés d'une Restauration féodale. Aussi est-ce peine de voir un esprit aussi perçant que M. Proudhon tomber dans des enfantillages sur le Droit divin, sur le système féodal, toutes théories qui le rapprochent à son insu des démocrates encroutés qu'il fustige de si belle manière; cependant M. Proudhon est loin d'appartenir à ce que l'on pourrait appeler la *Démocratie bête*.

(2) Rien n'est plus propre à retarder l'émancipation politique du peuple que le verbiage démocratique de quelques-uns de ces hommes dont l'ignorance égale la présomption et qui jettent sans cesse le nom de rétrogrades à la figure de leurs adversaires en les taxant d'obscurantisme. « Ils ne savent rien et ils ne doutent de rien, » c'est la règle;

— 258 —

Chaque jour doit nous convaincre davantage, dit Sismondi (1), que les anciens entendaient infiniment mieux que nous la liberté on dirait, à les entendre, que la politique est une science mystérieuse et cabalistique dont ils possèdent seuls les nombres et les formules. Cette école, que l'on croyait finie, renaît dans quelques jeunes *inspirés* de la génération présente.

(1) Nous ne pouvons nous empêcher de citer ici, tout entier, ce beau morceau émané d'un publiciste dont la portée d'esprit est considérale :

» Chaque jour doit nous convaincre davantage que les anciens entendaient infiniment mieux que nous la liberté et les conditions des gouvernements libres. Eux du moins ne tombaient jamais dans de semblables erreurs; ils donnaient pour support à leurs républiques, non pas des phrases, mais un esprit de vie. Ils enseignaient à tous les citoyens à se faire une religion de l'amour de la patrie, au lieu de ne considérer celle-ci que comme une association mercantile, où l'on calcule les profits et les pertes, et d'où l'on s'efforce de se retirer dès que la balance est défavorable. Ils entouraient de tous leurs respects la majesté du peuple; mais le peuple c'était pour eux l'ensemble de la nation, avec toutes ses classes de citoyens, tous ses intérêts, tous ses souvenirs, toutes ses espérances et toute sa gloire. A côté de cette grande image de ce qu'ils avaient de plus cher, et de ce qu'ils respectaient le plus, ils savaient fort bien apprécier, à leur juste valeur, les fluctuations des suffrages de la multitude, que la légèreté et le caprice décide si souvent, faute de réflexion et de sentiment. Ils savaient fort bien l'importance des deux éléments monarchique et démocratique, et ils n'auraient point cru pouvoir fonder une constitution libre ou durable, sans leur assigner leur part. Ils savaient qu'ils n'auraient point de liberté, si le peuple ne conservait une

et les conditions de la vie politique. Rien n'est plus frappant que cette observation ; nous avons emprunté à l'antiquité ses maximes

action directe dans la souveraineté, s'il ne joignait à la garantie de ses droits l'exercice d'un pouvoir respecté, s'il n'animait toutes les parties du corps social de son esprit de vie, de son instinct de grandeur et de vertu. Ils savaient qu'il n'y aurait point de vigueur et de célérité dans l'action du gouvernement, s'ils n'attribuaient à des chefs agissant individuellement toutes les fonctions qui demandent une vue compréhensive, une décision prompte, et le sentiment d'une responsabilité non partagée : mais ils savaient aussi que leur république serait perdue si le peuple croyait pouvoir tout faire et tout défaire par ses suffrages. Ils savaient qu'elle serait perdue si le prince pouvait prétendre à perpétuer son pouvoir ; ils connaissaient l'entraînement avec lequel le peuple se donne à ses créatures, et s'ils lui laissaient désigner les chefs temporaires de l'État, ils avaient soin d'exiger qu'il y eût au moins deux consuls, deux suffètes, de peur que, comme tous les présidents de nos nouvelles républiques, un chef unique n'aspirât à la royauté. Surtout ils confiaient le culte sacré de la patrie, le sacerdoce de la liberté, l'esprit de vie et de durée, la garde des traditions, celle de la gloire, celle de la fortune publique, et la constante prévoyance de l'avenir, à un sénat dans lequel ils s'efforçaient de concentrer tout ce qu'il y a de bon et de grand dans les aristocraties, en même temps qu'ils en écartaient tout ce qu'il y a de vicieux.

» Ils voulaient que leur sénat fût le représentant immuable de l'esprit de conservation, toujours le même dans les républiques. Ils le voulaient immortel en quelque sorte, et ils évitaient avec soin toutes les crises qui pourraient altérer son esprit. Aussi, dans presque toutes les

politiques et ses règles de gouvernement, mais ce qui était la raison d'être de leurs institutions, ce qui en faisait la force et la durée, nous ne l'avons pas. La souveraineté populaire n'était pas un vain mot à Athènes et à Rome. Pourquoi? c'est que le peuple avait son organisation, ses chefs, ses magistrats (1), ses assemblées ; c'est que son pouvoir était régulièrement constitué et inhérent à la chose publique, autrement il eût disparu dans la première Révolution aristocratique, devant le premier général d'armée revenant à la tête de ses légions victorieuses ; mais

républiques de l'antiquité, les sénateurs furent inamovibles. Élus pour la vie, ils vieillissaient dans leur emploi, et s'éteignaient successivement ; de même ils étaient remplacés sans bruit, un à un, à des époques imprévues ; le renouvellement était insensible, et aucune élection générale ne causait de fermentation dans l'État. Le nouveau venu entrait dans un corps dont tous les usages étaient sanctionnés par le temps, dont l'esprit semblait supérieur à l'esprit de chaque homme ; bientôt il s'animait des sentiments de ce corps, et il fondait son opinion dans celle de l'assemblée. »

Sismondi, *Études sur les Constitutions des peuples libres*, p. 322 et suiv. — C'est à cet ouvrage que M. Proudhon a emprunté son système de *fédération* ; c'était aussi une idée de Sismondi.

(1) **Tribuns, édiles, questeurs**, etc. Du reste toutes les magistratures publiques, avaient fini par se dédoubler et le peuple avait un représentant dans chacune d'elles.

qu'est le peuple en France, sinon une masse confuse d'individus sans liens (1), sans idées, sans force et sans droit. Le pouvoir de se donner un chef dans des moments de crise (2) et d'exercer, à de longs intervalles, ses droits électoraux n'a rien de commun avec l'exercice régulier de la vie publique. C'est par le plus étrange abus des mots que l'on donne à un tel état de choses le nom de démocratie. Un régime démocratique est celui dans lequel le peuple concourt au pouvoir législatif et judiciaire et nomme ses magistrats. C'est ainsi que l'entendaient les anciens, et on ne peut l'entendre autrement, à moins que *nous n'ayons changé* tout cela comme les médecins de Molière, qui plaçaient le cœur à droite.

Sans doute l'état social de la France n'est pas

---

(1) Le mot de *socialisme*, pris dans un sens rationel et dégagé des formules mystérieuses des Sectaires, n'est pas autre chose en définitive que le besoin pour le peuple de trouver des éléments d'organisation et d'association, dans l'état d'isolement et d'impuissance où il se trouve placé. Rien de plus légitime que cette tendance, mais quel problème à résoudre que celui-là !

(2) Aussi les partisans de la démagogie ne s'y trompent-ils pas, ils s'appellent des *Révolutionnaires*, parce qu'ils savent bien que dans un ordre de choses comme le nôtre ce n'est que pendant les temps de révolution que le pouvoir revient entre les mains du peuple.

compatible avec l'application d'un régime démocratique aussi radical ; mais il faut bien essayer de s'en rapprocher, à moins de perpétuer un malentendu aussi fatal à la liberté, qu'il est contraire à la raison. La tâche est immense, sans doute, et il ne faudrait peut-être pas moins que le génie du législateur le plus profond pour instaurer la démocratie dans nos institutions. Malheureusement, presque tous les gouvernements qui se sont succédés en France n'ont songé qu'à leurs intérêts personnels et au maintien de leur dynastie. Leur égoïsme, leur imprévoyance, ne nous ont légué que des révolutions, et il est arrivé qu'en ne songeant qu'à eux-mêmes, ils ont péri comme périront tous les gouvernements qui suivront les mêmes errements. Qu'a-t-on fait pour élever la raison du peuple, pour le conduire progressivement à l'exercice de la vie politique? Rien, car dépasser la mesure c'est ne rien faire, c'est reculer.

Il fallait commencer par lui donner tous les droits politiques qui touchent immédiatement à ses intérêts, la vie municipale, la juridiction, le droit de réunion et d'association ; tous ces droits, au lieu de s'accroître, ont été mutilés, réduits à rien, le peuple est en réalité sans droit civique, sans garantie, obligé de tourner sans cesse ses yeux suppliants vers le souverain; hélas, qui y a-t-il de démocratique dans un tel état de choses! Ce qu'il y a de plus funeste pour un peuple, disait un illustre orateur (1), c'est d'être régi par des institutions autres que celle qu'il croit avoir. Rien de plus vrai, parce que l'on ne fait aucun effort pour conquérir ce que l'on croit posséder et qu'ainsi on ne l'obtient jamais!

Il y a autant à faire dans le domaine des idées morales que dans les institutions, pour initier le peuple à la vie politique. Lui apprendre à faire ses affaires lui-même, à ne demander à l'État ni patronnage, ni assistance, à compter sur ses forces et sur son courage, à ne pas regarder le souverain comme une providence chargée de pourvoir à ses destins, lui apprendre à exercer ses droits, à les revendiquer avec énergie, à mettre les principes et les institutions au-dessus des questions de dynastie; à se faire un fonds d'idées personnelles et de principes au lieu d'emprunter des phrases toutes faites au scepticisme démagogique. Tel est le programme de moralisation que poursuivra la *démocratie libé-*

---

(1) M. Jules Favre, au commencement de la Session de 1862.

rale pendant (1) que les institutions se mettront progressivement d'accord avec les principes.

La génération qui s'élève à cette heure a plus de qualités que l'on ne croit pour jouer le rôle politique qui doit lui revenir un jour : Elle y viendra tard, mais elle y apportera plus de maturité, plus de sang froid, plus de tenacité, elle ne sera dupe de rien, elle haïra profondément le machiavélisme gouvernemental, elle n'admettra point le principe des *promesses* quand il s'agit des droits imprescriptibles d'une nation, elle voudra le règne de la loi et elle se donnera de sa main ce qu'on lui aura refusé.

Le rôle du barreau, dans cette génération, sera de la soutenir et de l'éclairer dans cette voie, lui qui joint à l'amour de la liberté la connaissance des lois positives qui peuvent seules en assurer le triomphe. « Une connaissance exacte du droit, dit M. Dupin, sera toujours le

---

(1) Il faut bien se servir du mot de *démocratie libérale*, puisqu'il paraît qu'il y a une *démocratie servile*. On peut dire que la première n'est jusqu'à présent point représentée ; des hommes louches, odieusement déguisés en amis du peuple et prêts à vendre à qui il appartiendra la cause qu'ils prétendent servir, des hommes droits, mais faibles et peu convaincus, de creux agitateurs qui s'exaltent avec des mots et qui s'en contentent, voilà quant à présent l'effectif militant de la démocratie.

meilleur moyen de confondre l'usurpation et de lui résister avec succès. » Cette réflexion si juste et si pratique doit être la devise de cette époque et le signe de ralliement de tous les partis; quelle belle carrière ne devra pas s'ouvrir pour les hommes du jeune bareau ! Reconquérir toutes les libertés que nous avons perdues, éclairer le peuple sur ses intérêts et sur ses droits, résister à l'arbitraire avec les armes de la loi, combattre les envahissements de la jurisprudence *prétorienne* dans les questions de droit public, défendre l'inviolabilité de la nation contre tout ce qui peut y porter atteinte, faire acte de courage civique toutes les fois qu'il le faudra, se porter ardemment au soutien de tous les intérêts privés que l'autorité publique peut froisser; qui peut douter qu'en agissant ainsi, le barreau actuel ne réponde aux besoins de son époque et aux lois de l'institution à laquelle il appartient ? A travers ses angoisses, ses incertitudes, ses défaillances, la France n'en soupire pas moins après le moment où elle pourra rentrer dans la plénitude de la vie politique. Une nation a des droits que nul ne peut aliéner en son nom alors même que par lassitude elle les abdique un moment. Le progrès, lui aussi, ne serait qu'un vain mot si l'effort des révolutions n'aboutissait qu'à ramener sous d'autres formes ce qu'elles ont détruit. Tout ce que la France s'est donnée de libertés depuis soixante ans est encore debout dans nos lois, c'est cela seul qui doit rester. Nos institutions dominent les crises passagères de la force, le français s'appelle *Franc* parce qu'il est né ennemi de la servitude.

———

Nous donnons dans les pages qui suivent une appréciation littéraire de quelques-uns des talents qui brillent avec le plus d'éclat dans les rangs du jeune barreau ; il s'en faut bien que ces études rapides soient dignes de tant d'hommes distingués auxquels nous aurions voulu rendre hommage. Ce ne sont là que des esquisses, il n'en pouvait être autrement, à moins de faire une monographie du barreau de Paris, ce qui eût été une œuvre plus puérile que véritablement attrayante. Quelques-unes des appréciations, qui sont là, sont sujettes à révision ; l'auteur y procédera peut-être un jour s'il ne borne pas là sa carrière d'historiographe.

Mᵉ BÉTOLAUD

Parmi les avocats qui ont pris place au barreau dans le cours de ces dix dernières années, M. Bétolaud est un de ceux dont le nom doit figurer ici des premiers. Son talent et son caractère lui ont attiré au Palais une considération qui est de tout point justifiée.

Comme il arrive souvent, c'est le hasard qui a disposé du choix de sa carrière. Né avec un caractère aussi modeste que persévérant et appliqué, dans ses rêves de jeune homme, il ne s'était jamais figuré qu'il pût être un jour avocat, tant cette profession lui paraissait au-dessus des facultés du commun des hommes. En 1848, il était voué à d'autres travaux et préoccupé d'autres projets, lorsque la curiosité le conduisit un jour dans un club où s'agitaient tumultueusement diverses motions assez déraisonnables. On le pousse à prendre la parole, il monte à la tribune ; aux premiers mots qu'il prononce il se fait écouter ; il s'étonne lui-même de la facilité qu'il se découvre ; il s'enhardit, il parle et termine son discours au milieu des applaudissements. A partir de ce jour, il résolut de se faire avocat, et il fit bien.

Ce qu'il y a de fort remarquable chez M. Bétolaud, c'est l'abondance et en même temps l'heureuse précision du langage.

On renomme à juste titre au Palais l'art infini avec lequel il expose, éliminant tout ce qui est superflu, choisissant avec le discernement le plus judicieux tout ce qui est utile, groupant les accessoires dans un ordre parfait. Quant on l'a entendu on connaît d'une manière complète les personnages, les intérêts qui sont en jeu, les incidents, les dates ; tout le point de fait apparaît avec la dernière clarté. C'est là une qualité de premier ordre ; Me Bétolaud la possède. Nul ne connaît et n'explique mieux que lui le détail des intérêts qui sont dans une affaire contentieuse ; il a le style *notarial*, c'est-à-dire un peu trop dénué de mouvement et de couleur.

La réplique ne répond peut-être pas chez lui

au talent d'introduction et d'exposition; quand il est défendeur, on remarque qu'il évite d'aborder de suite la difficulté, il la contourne, il prépare ses forces, mais une fois entré dans la discussion, il revient à la question, la serre avec vigueur et ramène ses moyens dispersés avec un phlegme tout britannique ; il n'a point d'entraînement ni de passion, mais une tenacité extrême et une grande impassibilité.

Il a une attitude puritaine; droit, sec, le cou long et le visage sans sourire.

Mᵉ FAUVEL

Les qualités que nous avons essayé d'indiquer chez M. Bétolaud paraissent se retrouver chez M. Fauvel ; il a de plus une chaleur de tempérament, une action, un entrain qui attachent vivement à ses plaidoiries.

Rien n'est plus sobre, plus clair et plus simple que la manière dont il expose ; le point de droit est délimité chez lui avec une précision savante, qui rappelle les procédés de la grande école.

Il ne faut pas lui demander des recherches de style, des grâces de langage, mais il dit tout ce qu'il veut dire, et il le dit parfaitement bien, dans cette langue juridique dont les termes sont si vigoureux et si précis.

A la réplique, il est décisif et rapide ; il accumule en un moment tous les moyens qu'il a tenus en réserve et qu'il a su ménager avec art. Ses accents sont mâles et pressants ; son nom a quelque rapport avec son visage enveloppé de mèches ardentes qui s'enroulent comme des sarments autour de son front.

Mᴱ DELASALLE

C'est un talent très-complet et déjà très-mûr, que celui de Mᵉ Delasalle :

Une des qualités qui se rencontrent le plus volontiers chez les avocats de cette période, c'est la facilité de l'élocution. Les anciens, avec plus de souffle et de génie étaient moins corrects, moins sûrs parfois de leur parole.

Le langage de Mᵉ Delasalle est d'une netteté qui ne connaît aucune hésitation sur le choix des termes. Aussi, n'est-ce point la forme qui peut être critiquée chez lui, c'est peut être par la méthode qu'il laisse à désirer. Ses plaidoiries semblent trop ramassées, trop concentrées, les parties n'en sont point assez espacées, ne laissent pas assez voir leurs lignes de séparation. Il semble qu'il passe trop rapidement à la discussion, qu'il abrège trop le point de fait.

Si c'est là un défaut, et s'en doit être un, c'est celui d'une école qui tend à supprimer dans la plaidoirie tout ce qui n'est pas essentiellement nécessaire à l'intelligence de la cause, tendance fâcheuse, non seulement en ce qu'elle réduit le niveau de l'art, mais parce qu'elle enlève souvent au procès le complément de sa lumière.

Une fois engagé dans la discussion, M⁰ Delasalle la soutient bien, la pousse activement. Les ressources du droit et de la procédure lui sont du reste parfaitement familières, il a du feu, de l'élan, une sorte de chaleur de tête. Il est tenace, concentré et tranchant, il se défend pied à pied et se retourne avec beaucoup de vigueur dans la réplique. Il a emprunté quelques-unes des qualités qui le distinguent, à l'homme éminent dont il a été longtemps le secrétaire (1).

Travailleur opiniâtre, ses affaires sont toujours élaborées avec une conscience irréprochable. Réservé et froid dans ses manières, mais au fond

(1) M. Hébert.

très-cordial, d'excellent conseil, adroit, prudent, persévérant, observateur sagace, c'est une belle intelligence et une solide organisation. Il a le regard accentué, un teint de brique, une tête vigoureuse.

Mᴱ TROUILLEBERT

Mᵉ Trouillebert est encore une des têtes d'élite du jeune barreau.

Ce qui classe un avocat au Palais, ce n'est ni le nombre ni l'importance de ses affaires, c'est avant tout l'opinion qui se forme de sa valeur parmi ses confrères. Cette opinion se traduit par un mot : Il a du talent ! Mot magique, qui ne se prodigue pas et qu'il est malaisé d'obtenir du suffrage de ses pairs. Depuis longtemps déjà, Mᵉ Trouillebert a fait à cet égard enregistrer ses lettres patentes.

S'il n'a ni la vigueur de déduction de Mᵉ Bétolaud, ni l'intensité de Mᵉ Delasalle, il se distingue par des qualités qui ne sont pas d'un moindre prix.

Il a en propre une largeur de forme, une ordonnance de plaidoirie qui doivent mettre son talent au service des grandes affaires. Doué d'un visage ouvert et d'une belle tournure, il est académique dans sa tenue comme dans son langage; mais il l'est sans prétention et sans effort. Peut-être pourrait-on lui souhaiter un peu plus de chaleur, mais il est ferme et précis et il étoffe bien ses plaidoiries. Ce qui paraît lui manquer sous le rapport de la véhémence tient peut-être à ce qu'il ne s'abandonne pas assez à sa nature et qu'il s'attache avec trop de soin à la forme de son langage. C'est un reproche que tout le monde ne peut pas mériter.

Extrêmement appliqué aux devoirs de sa profession, plein d'une émulation contenue et réglée, le caractère est chez lui aussi bien pondéré que l'esprit.

Mᴱ CLAUSEL DE COUSSERGUES

Quel que soit l'affinité des talents, il est toujours un point par lequel ils se distinguent et qui forme le trait dominant de leur individualité, Mᵉ Clausel de Coussergues est harmonieux, tout en lui paraît répondre à cette nuance. Il a une souplesse extrême, sa parole est délicatement ornée, il a un vif sentiment des convenances oratoires. Toutes ces qualités auraient peut-être quelque chose d'efféminé, si cette surface brillante ne reposait en même temps sur un fonds solide. Mᵉ Clausel de Coussergues est versé dans la connaissance des affaires, il est clair et précis. Il est du petit nombre de ceux qui, nés avec une grande facilité, se sont adonnés au travail comme s'ils avaient tout à acquérir (1).

(1) M. Clausel de Coussergues a été éloigné pendant près de deux années du Palais, par une longue et cruelle maladie. Le rétablissement complet de sa santé lui permettra heureusement bientôt de reprendre les travaux de sa profession.

Mᵉ GATINEAU

Comme homme et comme avocat, Mᵉ Gatineau est une des individualités les plus franches du Palais; les hommes qui ont un grand fond de naturel sont rares, et l'originalité de leur caractère n'est pas un des côtés les moins piquants de leur physionomie.

A force de vigueur et de souplesse, à travers maintes épreuves qui n'ont jamais altéré l'enjouement de son humeur, Mᵉ Gatineau s'est fait en quelques années au barreau une place assez large déjà pour asseoir son indépendance. C'est un inappréciable avantage que d'aborder la vie avec de l'aisance, de l'aplomb et du savoir faire. Il y a de tout cela dans le succès de Mᵉ Gatineau, mais avec des nuances qui le personnifient essentiellement. L'adresse paraît être chez lui moins un calcul qu'un don de la nature ; il a fendu la presse par sa carrure et il a réussi en riant.

Facile à vivre, d'une humeur constamment égale, sans fausse susceptibilité, s'accommodant de tout, dégagé de la plus légère aspérité dans les formes, par un contraste qui lui est particulier, la violence de sa franchise égale par moments l'aménité de son langage et de ses manières, mais un bon procédé le désarmerait. « Ce » qui fait mon désespoir, disait-il un jour, c'est » que je suis obligé de prendre note des gens » à qui j'en veux, de peur de les oublier. »

Habile à se conduire et même à régler sa vie, il se meut dans toute la liberté de son caractère, ne tenant en bride que ce qu'il faut tenir ; aimant le luxe, les plaisirs, les arts et le reste ; la bourse rarement fermée, n'appréciant l'argent que pour ce qu'il donne ; perdant au besoin son temps ; ayant de l'esprit, mais se réjouissant de celui des autres ; riant largement, plein de franche lippées dans ses propos, avec des plaisanteries chargées de saumure comme celle de Panurge, le tout rédigé dans une langue quelconque, à travers laquelle on entend craquer le vieux sel gaulois.

On vantait un jour devant lui un célèbre avocat, dont les discours pleins d'une redondance majestueuse ont plus d'ampleur que de force : « C'est Jupiter s'enveloppant dans de la flanelle et lançant du haut de l'Olympe des flèches en carton-mouillé, dit Mᵉ Gatineau. »

Un autre jour il venait de plaider contre un médecin spécialiste, qu'il avait fort maltraité dans sa plaidoirie. En sortant de l'audience celui-ci l'aborde et lui dit : « Monsieur, vous recevrez demain mes témoins, vous me rendrez raison du tort que vous venez de faire à ma réputation. — Très-bien, dit Mᵉ Gatineau, j'aime encore mieux avoir affaire à vous, comme duelliste, que comme médecin. »

Un confrère qui dans la chaleur de l'action avait l'habitude de porter le poing à son front, l'interrompt dans sa plaidoirie en faisant son geste habituel : « Je vois que vous frappez votre tête, lui dit Gatineau, j'entends bien qu'elle *résonne* et je n'en suis pas surpris. »

Mᵉ Gatineau est un libéral qui ne tient à aucun gouvernement en particulier et qui ne parle de la politique que pour en rire (1).

(1) On n'est jamais sûr d'écrire exactement l'histoire : depuis Mᵉ Gâtineau s'est porté comme candidat de la

L'énergique Beauceron, venu à Paris en 1840 (1), a vu d'assez près quelques-uns des événements qui ont suivi la Révolution de février; cela lui a suffi pour le tenir à une certaine distance de toutes les opinions dans lesquelles il ne voit que des expansions de vanité. « Ils ne savent ce qu'ils veulent, voilà son » mot. »

Tel est Mᵉ Gatineau, une nature essentiellement française; les instincts les plus délicats mêlés aux plus robustes appétits; léger, facile et carré par la base, toujours déridé, prêt à toute fantaisie, supportant le travail comme le plaisir; le courant de la civilisation a roulé sur lui sans altérer sa nature primitive; l'enfant de la Beauce est resté tout entier sous l'enveloppe; il a des vanités naïves qu'il connaît et qu'il raconte en riant; sa bonhomie est un curieux mélange de sans-façon villageois et d'urbanité mondaine; il a la superstition du succès; chaque année il fait secrètement aux pauvres une part de ses épargnes; nature foncièrement honnête et énergiquement loyale, aussi souple que ferme,

---

démocratie libérale et indépendante, dans le département d'Eure-et-Loire.

(2) Il était à cette époque secrétaire de M. Lamoricière, il le fut un peu plus tard de M. Changarnier.

il est peu d'hommes mieux organisé pour suivre et pour rompre la lame à travers les difficultés de la vie.

Comme avocat il a un tour de langage extrêmement facile, s'assimilant de suite une affaire, dénouant avec une grande clarté tous les lacis de fait et de procédure; persuasif, insinuant, spontané, cru, violent, ingénieux et trivial.

Il a le buste épais, mais sans pesanteur, le visage souriant, l'œil fin; sa tête vigoureuse est environnée de cheveux bouclés qui commencent à prendre congé.

Mᴱ LAURIER

Mᶜ Laurier personnifie assez bien certaines qualités et certains défauts qui caractérisent plus spécialement le jeune barreau.

Il a le propos facile et piquant, la répartie dégagée; il formule bien, mais il a peu d'accent; il est sec. Il est revêtu d'ailleurs d'une assurance qui ne se rencontre pas souvent au même degré chez les plus vieux praticiens.

Il écrit, dit-on, ses plaidoiries avant de les prononcer. En tout cas la forme en est jolie et le style en est louable.

Mᵉ LÉON RENAULT

Un visage de furet, une voix de cigale, entendant bien les affaires, connaissant le droit usuel à fonds, déterrant tous les moyens de ses procès, les plaidant vivement et non sans esprit quoique dans une langue parfois douteuse.

Mᵉ OSCAR FALATEUF

Passe pour avoir beaucoup de talent ; il ressemble à son frère Mᵉ Oscar Falateuf. Tous deux sont très-ardents à l'audience, tous deux débitent leur plaidoirie à perdre haleine, tous deux ont le même visage. Cependant le talent de Mᵉ Oscar Falateuf a quelque chose de plus ferme et de plus achevé que celui de son frère. Il saisit bien sa plaidoirie, en dessine rapidement les contours et conclue avec précision.

Mᴱ CRESSON

Mᵉ Cresson est un prix Paillet; dès ses débuts au barreau, il a apporté aux travaux de sa profession une application et une ardeur qui lui ont fait obtenir des succès précoces.

Esprit souple et agissant, dévoué à son état, il y déploie d'incontestables qualités. Il prend bien une affaire, l'explique bien, retorque bien; son action est nerveuse, il est incisif et porte souvent l'épée au visage de son adversaire. La forme de sa parole ne se dégage peut-être pas toujours complétement, mais il a des parties très-brillantes et très-animées.

Mᴱ LENTÉ

Malgré des qualités remarquables, Mᵉ Lenté n'a peut-être pas pris tout l'essor qu'on en pouvait attendre; doué d'un imperturbable aplomb et de beaucoup de facilité, il mène ses plaidoiries à grand train, mais il a peu de couleur et sa chaleur n'est que du tempérament; du reste il a le sens droit et du nerf dans l'argumentation; sa forte encolure, sa voix de stentor, ses allures railleuses le signalent de loin entre ses confrères. Rude, hardi, familier, courtisan, c'est un type franc et énergique.

Mᵉ TROLLEY DE ROCQUES

L'œil rond, la bouche faite comme celle d'une raie, avec beaucoup d'animation dans le visage, vigoureux à l'attaque, sachant du droit et de la procédure, plaidant utilement, mais sans art; il se répète souvent, insiste trop sur des points de détails, mais cette part faite à la critique, c'est un homme de valeur et d'avenir.

Mᴱ ANDRAL

C'est un beau nom que celui de M. Andral.

Mᴱ CARRABY

A percé peut-être un peu tôt. Ancien secrétaire de Mᵉ Lachaud, dont il reproduit avec assez de succès certains procédés ; il a de l'appplication et du goût ; il n'a que des accents assez faibles, mais il voit bien dans ses affaires et ne manque pas de sens critique ; il a tenu la plume sous différents pseudonymes et écrit dans un style papillotant.

Mᴱ GUSTAVE CHAIX-D'EST-ANGE

M. Chaix-d'Est-Ange père..... en miniature.

Mᴱ ÉDOUARD DUPONT

C'est une organisation bien douée. Beaucoup de cordes sont capables de vibrer chez lui. Il a le don de s'émouvoir, et quand il se laisse aller aux entraînements de sa nature, il a des inspirations heureuses. Il est doux et mystique.

Mᴱ CRAQUELIN

Un bon esprit, très-entendu en affaires et plaidant pertinemment, quoique d'une voix un peu puissante peut-être.

Mᴱ RACLE

Une tête de prélat, la figure large, fraîche et rebondie; un grand charme de bonté; l'esprit clair, calme et reposé; sans passion, mais homme de sens, de goût et de tact.

Mᴱ PORTALÈS

Hardi, hargneux. Esprit ouvert et avisé (1).

Mᴱ GRANDMENCHE

Habile au déduit, des expressions heureuses dans un style assez entortillé.

(1) C'est M. Portalès qui, quelques mois avant les élections législatives, demandait le rétablissement sur les listes électorales de sa circonscription, de 8,439 électeurs, qui en avaient été rayés par le maire, avec la seule mention, *déménagés*. M. Portalès voulait, comme garantie de l'exercice du droit électoral, faire poser ce principe, que le maire ne peut, sans pièces justificatives d'un changement de résidence, rayer un électeur dont l'inscription n'a eu lieu que sur pièces justificatives. La Cour de cassation tranchant la question par la question, lui a répondu que c'était au tiers réclamant à justifier que l'électeur rayé avait conservé sa résidence dans la circonscription; d'où il suit que le maintien de l'électeur sur la liste de sa circonscription dépend du pouvoir discrétionnaire du maire, sauf la réclamation de l'électeur ou du tiers, s'ils ont le temps de se mettre en mesure et ne sont pas rebutés par les formalités qu'on leur oppose.

M͏ᴱ HUBBARD

Beaucoup de conviction et de chaleur, mais plaidant avec une véhémence déréglée; assez ferme de style, avec de la méthode et de la précision, mais ses plaidoiries paraissent se relâcher vers la fin.

Mᴱ PHILBERT

Ancien secrétaire de Mᵉ Sénart. Esprit exact, méthodique, mesuré, qui se possède bien; il est un peu sec, sec même; mais il trouve le joint de son affaire, et saisit bien les questions.

Mᴱ DELSOL

Esprit judicieux, une parole terne, mais bien liée. Bon juriste, auteur d'un ouvrage de droit estimé et cité.

Mᴱ DUVERDY

Gendre de Mᵉ Paillard de Villeneuve, fait d'excellents articles de fonds dans la *Gazette des Tribunaux*. Un talent sobre et posé.

FIN DU BARREAU DE PARIS.

QUELQUES BIOGRAPHES

ET MORALISTES CONTEMPORAINS

M. DE CORMENIN (TIMON)

ÉTUDES SUR LES ORATEURS PARLEMENTAIRES.

Opucules empreints d'une rare originalité ; un grand goût, un esprit critique perçant. Ne pas relire dans les circonstances actuelles le portrait de M. Thiers. Mais quelle a été la pensée politique qui a inspiré les satires de M. de Cormenin ? Il a querellé toute sa vie les institutions constitutionnelles. Il voulait la liberté à outrance; il est aujourd'hui conseiller d'État.

M. GUIZOT

MÉMOIRES POUR SERVIR A L'HISTOIRE DE MON TEMPS.

Il y a là des portraits d'hommes politiques de la plus grande couleur et du plus grand style, tels que ceux de MM. Decazes, Molé, de Champagny, de Martignac, de Broglie. Ces portraits sont présentés en raccourcis, mais ils ont une vigueur de ton, une trempe, et une teinte de vérité morale, qui leur donnent une inestimable valeur littéraire.

M. A. DE LAMARTINE

ENTRETIENS FAMILIERS DE LITTÉRATURE.

Études biographiques. Voyez entre autres celles de Cicéron, Homère, Jacquart, Cristophe Colomb. Tout cela est écrit sans grande correction de forme, mais avec une élévation de langage et un abandon de plume dont l'illustre écrivain a seul le secret. Dans les entretiens familiers de littérature, M. de Lamartine se révèle sous une nouvelle face; c'est après M. Villemain le critique le plus universel et le plus littéraire de notre époque; la vivacité, les vues nouvelles, l'indépendance d'esprit qui dictent ces jugements, leur donnent une très-grande portée.

M. SAINTE BEUVE

PORTRAITS CONTEMPORAINS.

Insipide auteur, écrivain glacé, ennuyeux comme un pensum, le chef de cette école de compilateurs littéraires qui ne marchent qu'avec des citations, de petits vers et des historiettes. — Critique nulle, abondante copie.

M. A. DE LAGUÉRONNIÈRE

PORTRAITS D'HOMMES D'ÉTAT.

Cet homme politique a commencé sa vogue par des portraits en 1852. Comme couleur et comme style, c'est le *clair de lune* de Lamartine, une prose gonflée de vent; il a la profondeur vide et la majesté creuse.

M. CUVILLIER-FLEURY

PORTRAITS POLITIQUES ET RÉVOLUTIONNAIRES.

Écrivain d'une excellente forme, plein d'intérêt et de mouvement dans ses récits. Un sens droit et un esprit pénétrant, quoique chagrin et grondeur. Son étude sur Camille-Desmoulin est presque un chef-d'œuvre.

M. OS. PINARD

PORTRAITS D'AVOCATS (le Barreau).

Excellent critique des hommes de Palais, dont l'appréciation n'est nulle part satisfaisante. — Une main vigoureuse. Expressif et concis; il est de l'école des écrivains qui dédaignent l'image et l'épithète.

JACQUES RAYNAUD

PORTRAITS CONTEMPORAINS.

Quelques vagues reflets de littérature, mais la main molle et l'esprit superficiel.

Il y a encore çà et là différents polygraphes, dont on ne peut guère parler :

M. Hippolyte CASTILLE, qui a donné dans le temps de petits livres.

M. Théophile Sylvestre. — Cet écrivain doit se croire animé du souffle Shakspearien; il prend le genre échevelé pour le grand style et la grande manière.

M. Paulin Lymayrac. — *Coups de plumes sincères.* — Babillages écrits dans un jargon de coulisse. — L'auteur a dédié cela à la mémoire de Vauvenargues : L'ombre de ce grand moraliste a dû être bien flattée.

TABLE

ANALYTIQUE DES MATIÈRES

Pages

Avant-propos. ....

INTRODUCTION. — 1re *partie.* — *L'ancienne Aristocratie et les Parlements.* — Principale cause de la chute de l'aristocratie. Discussion d'une appréciation de M. Guizot. Le barreau entraîné dans la chute des Parlements. — Révolution française faite par quelques légistes. Comment il se fait que les avocats n'ont pas défendu l'ordre auquel ils appartenaient et l'ont laissé détruire (Note). — Barreau reconstruit sous l'Empire. § I... IX

Le Barreau est une institution d'un caractère politique et social. — Nécessité absolue de son indépendance. — Autonomie de l'ordre, ses règlements. — Le décret de 1810, son caractère blessant pour la dignité de la profession. Louis-Philippe rend au Barreau une partie de ses anciennes franchises (Note). — Le Barreau, école des hommes politiques dans les États parlementaires. — Courage des avocats pendant la Révolution (Note). — Éclat du barreau pendant la monarchie de juillet. § II. XIV

Côté idéal de la profession d'avocat. — Le droit sacré de la défense. Grandeur du rôle de l'avocat,

	Pages
côté profondément humain. — L'avocat participe du soldat et du prêtre. § III..................................	XXIII
Difficultés de la profession d'avocat, mot de Paillet. — La science du Droit dans les affaires civiles ; la philosophie morale des passions dans les affaires criminelles. — L'improvisation et l'inspiration. § IV......	XXVI
Du reproche adressé aux avocats de plaider facultativement le pour et le contre. — Question de fait, question de droit, contradiction d'arrêts et de jugements. — Identification de l'avocat avec sa cause, sauvegarde de la défense. Autre préjugé à l'égard des affaires criminelles. § V..................................	XXV
Amour de l'avocat pour sa profession. — Vie du Palais. Caractère moral de l'avocat, ses manières, son attitude dans la vie. § VI..............................	XXXIII

GORGIAS. — Comment l'idée de ce portrait a été conçue (Note.) — Gorgias *le prince des sophistes*, d'abord rhéteur à Léonte. Comment il acquit la faculté d'improvisation. Se fixe à Athènes, fait partie de la faction de Cléon. Aspasie. § I..	1
Secret de la popularité de Gorgias comme orateur, *atticisme*. Impression que l'on éprouve en l'entendant. Le mot de γοργιαζειν inventé par les Thessaliens après l'avoir entendu. § II...........................	9
Gorgias au barreau.—Côté critiquable de son talent, mot que lui prête Aristophane. Gorgias trop préoccupé de la forme et de la considération d'art dans ses procès. Les affaires les plus *impossibles*. Mot du chef de l'Aréopage. § III..	8
Gorgias ne ressemble pas à Isocrate. Son allure quand on l'attaque, bonds imprévus, colère froide. — Semblable à Timon dans l'art d'insinuer le soupçon, s'élève parfois jusqu'à l'ode comme Pindare. § IV.....	10

Impression que Gorgias laisse après ses harangues.

	Pages
Il est froid. N'est pas démonstratif. C'est le poëte de l'élégie et de l'idylle. § V....................................	12
Gorgias à la tribune. — Forme élevée et sévère, a étudié Thucydide. — Ses attaques contre ceux qui mènent la République, rumeurs qu'il soulève. Lysias et *l'Archonte roi.* — Crédit de Gorgias dans les délibérations publiques; Guerre des Étoliens, ses attaques contre le généralissime, mot de Lycophron. § VI....	12
Gorgias ambitieux; ses manières, mot de Solon. — Gorgias est-il né homme d'État? mot d'Aristophane sur ce démocrate. Son caractère généreux, hautain et débonnaire. — Son aspect. § VII.....................................	16

M. DUFAURE. — Généralisation sur le caractère de cet homme politique. § I....................................	19
Bâtonnier à Bordeaux à trente-deux ans. Rapidité de sa fortune politique. Député en 1834. § II........	21
Comment il se fait une place à la Chambre; ses travaux pendant le cours des législatures où il a siégé. § III..	23
M. Dufaure envisagé comme orateur; école oratoire de 1830; genre et manière de M. Dufaure. Sa clarté et sa méthode dans les matières contentieuses. § IV et V.	27
Ministère du 12 mai; son attitude comme ministre et sa loyauté parlementaire, son patriotisme éclairé; extraits de quelques-uns de ses discours. § VI......	30
De la prudence nécessaire à l'homme politique; écueils de la vie parlementaire. — Habileté de conduite de M. Dufaure, dans les différentes combinaisons ministérielles du 22 février, 12 mai, 29 octobre. — Formation d'un tiers-parti, dont il est le centre; est poussé vers la présidence du conseil par les événements; son mot sur les banquets; chute du trône. § VII et VIII..	23

Son rôle pendant la Révolution de 1848; rapporteur de la commission de constitution; combat l'inscription

Pages

du droit au travail dans la constitution. — Louis Blanc.
—Aberrations politiques; citation de Joseph de Maistre
sur l'impuissance des constitutions écrites (Note). — In-
tervention efficace de M. Dufaure dans la rédaction de
celle de 1848. § IX.. 41

Derniers temps de la carrière politique de M. Dufaure;
ses opinions, son intégrité. — Rentre au barreau; sa
grande position comme avocat; son talent de parole,
sa physionomie. Les élections pour le bâtonnat en 1862;
probabilité de l'élection de M. Dufaure. § IX, X, XI,
XII, XIII... 49

M. BERRYER. — Ce qui donne la popularité en
France; le caractère de M. Berryer et son inviolable
attachement à ses principes. — Grandeur du rôle qu'il
a été appelé à jouer; défenseur de la *légitimité*; son
éducation religieuse; bonheur qu'il eut à ses premiers
pas; caractère romanesque de sa vie privée; persécuté;
un de ses mots à propos de l'affaire de la duchesse de
Berry (Note). — Débuts au barreau applanis par son père;
promis à un ministère en 1830; son beau discours aux
électeurs de la Haute-Loire; renversement des Bour-
bons. § I... 53

M. Berryer avait-il les qualités d'un homme politique? examen à cet égard. Sorte de perversité nécessaire; caractère de M. Berryer, impropre à la direction
d'un parti. — Sa haute valeur comme homme de conseil; son coup-d'œil perçant sur l'avenir de la dynastie
d'Orléans et sur l'incompatibilité des principes issus de
la Révolution de 1830. — Homme pratique, ennemi de
la turbulence factieuse, prêchant comme Isaïe dans
Babylone. § II... 60

Exagération du talent de M. Berryer comme orateur;
déceptions qu'il cause au premier abord; c'est le
cœur qui l'a fait grand; sa profonde sensibilité. —

	Pages
L'éloquence politique est son terrain avant tout; nourri de fortes pensées; quelques-uns de ses accents (Note).— Incorrection de sa forme; caractère de son éloquence. § III..	64
Ses imperfections nombreuses comme orateur; *génie intermittent*, souvent diffus, entortillé. — Jugement analogue de M. Pinard (Note).— Peu d'action oratoire et de variété dans ses mouvements; ses ressources d'âme toutes puissantes. § IV......................	69
Le caractère privé et le caractère public chez les hommes politiques.—Opinion que l'on a en France sur le caractère de M. Berryer; ses grandes qualités, son patriotisme et sa haute droiture. — Son portrait. § V...	73

M. SÉNART.—Faiblesse des matériaux que la littérature contemporaine fournit à l'histoire. Personnalité des historiens toujours en jeu dans leurs écrits; note critique sur *le Consulat et l'Empire* de M. Thiers. Figures mensongères de quelques personnages contemporains. § I.. 73

Sur la *Révolution de juillet*, cause de la chute de la dynastie d'Orléans, la restauration avait essayé de reconstituer le pouvoir (Note).—Opposition de M. Sénart, pendant le règne de Louis-Philippe; nommé procureur-général à Rouen, après les journées de février. Élu député. Note sur la substitution de la république à la monarchie et sur le mot de démocratie. — M. Sénart président de la constituante; son habile direction, son courage et son rôle pendant les journées de juin. § II... 86

M. Sénart comme orateur parlementaire; sobriété de sa parole, sa modération, son entente de la tactique parlementaire. Courage à combattre les utopies; note sur M. Proudhon; esprit politique de M. Sénart.—Clas-

	Pages
sification des hommes suivant la classification idéale des systèmes politiques. M. Sénart républicain modéré et progressif, ennemi de la réglementation; danger funeste qu'elle présente. — Note sur un discours du chef de l'État à ce sujet. § III..................... | 90 |

Appréciation de M. Sénart comme avocat; vieille race ; génie processif. Préparation de ses affaires en tête à tête avec le client. — Sa discussion et sûreté de sa méthode ; note sur Cochin à ce propos; élasticité de son talent; plaide toujours le point de droit; Allégorie à ce sujet. — Son habileté, c'est Protée ; style négligé, mais expressif; note sur la correction du langage oratoire. — Allures et bonhomie de M. Sénart; les traits qui lui échappent; anecdotes; son impassibilité à l'audience. — Sa physionomie. § IV et V... | 103 |

Mᵉ Marie. — Simple notice.................... | 105 |

Mᵉ Crémieux. — Idem........................ | 105 |

DE L'ÉLOQUENCE JUDICIAIRE. — 2ᵉ *partie*. — Que l'histoire générale de la littérature fait apparaître la filiation qui lie le monde ancien au monde moderne. — Influence de la civilisation antique sur la civilisation Française. (Note critique à cet égard, *le gesta dei per Francos*. Notre *Chevalerie*, mot de l'empereur Alexandre II. C'est Athènes et Rome qui ont fait toutes nos révolutions, etc.) § I............ | 124 |

Que l'éloquence est le plus grand instrument de liberté et de civilisation que les peuples aient à leur disposition. — (*Note* sur la sollicitude avec laquelle on interrogeait dès l'enfance à Rome les aptitudes oratoires; *autre note* sur le rôle de l'éloquence militaire dans l'antiquité). — Rôle de l'éloquence politique; ce que peut devenir un peuple quand l'éloquence de la tribune a perdu sa mission; (Note sur les prochaines élections. Citation d'Aristote à propos de l'art de gouverner dans les États despotiques; ce que firent les

les rois de Perse pour pénétrer en Grèce.)—Reproches que l'on fait à l'éloquence, mot de Rossi sur la *théorie* et la *pratique*. § II.................................... 126

C'est au barreau que l'éloquence a dû naitre. Tableau de l'éloquence judiciaire et citation en *note* de M. Oscar de Vallée à ce sujet. — Transformation successive de l'éloquence judiciaire sous l'influence de la littérature, du xve au xixe siècle. (En *note*, un mot de Rabelais sur les gens d'affaires du xvie siècle).— Perfectionnement de la langue sous l'influence du barreau. Abus de citations au xviie siècle; trop négligées aujourd'hui. (En *note*, exemple de ressources qu'on peut leur emprunter.) — xviiie siècle époque brillante du barreau, pureté du langage judiciaire; (en *note*, un exemple.) — xixe siècle, apogée de l'éloquence judiciaire; influence exercée sur elle par l'établissement du régime représentatif; Influence de la vie industrielle; influence de la littérature. — Développement de l'improvisation; langue écrite et langue parlée, deux langues différentes. (*Note* sur la construction oratoire et les difficultés que le génie de la langue française oppose à l'écrivain.) — Le phénomène de l'inspiration chez l'orateur. § III.................................. 135

Qu'un procès est au fond une action dramatique; art avec lequel on sait grouper de nos jours les éléments littéraires qui entrent dans une plaidoirie. — Influence de l'école romantique; le genre horrible aux assises, (En *note*, extrait d'une plaidoirie de M. Chaix-d'Est-Ange, affaire Benoit.) — Talents divers de la génération de 1830. Pléiade étincelante. — Affaiblissement de l'éloquence judiciaire à partir de 1830 et ses causes. Tendance des plaidoiries à dégénérer en de simples analyses. Usages de quelques magistrats dans les tribunaux.— Critiques irréfléchies du public sur la prolixité des avocats; tableau de l'ancienne magistrature. (En *note*, trait cité par Tallemand des Réaux.)

	Pages
— Importance de la considération d'art à tous les points de vue dans la profession d'avocat. § IV et V........	146

LAERTE. — Grand nombre d'avocats fournis à la politique pendant la période de 1830. — Laërte n'a jamais songé à la politique, et pourquoi. — Son *quiétisme* et son *épicurcisme*, passion de sa profession. § I...... 157

Circonstances qui décident du genre d'affaires auxquelles on s'attache au Palais; la Cour d'assises. Éléments oratoires qu'elle fournit. § II............. 161

Caractère du talent de Laërte; le *Diable au corps*. — Ordre et discussion de sa plaidoirie; sa manière de ressembler les moyens du ministère public pour les combattre. — Mémoire sûre, fermeté inébranlable argumentation *ad hominem*, son tact, *fraternise avec le jury*. § III...................................... 167

Vigueur de sa réaction contre le système de l'accusation; vert à la riposte; ses apostrophes au ministère public. — Toujours sûr de ce qu'il veut dire; du pathétique, mais sans sincérité et sans émotion. Improvise tout à l'audience au moyen d'un griffonnage qu'il prépare séance tenante. — Intercepte toutes les influences et les reproduit. § IV........................ 167

Défauts de son talent, vulgarité, les mêmes procédés, forme de langage incorrecte et hachée; quantité de lieux communs; sa plaidoirie, sorte de tour de prestidigitations; pantomime oratoire, ses allures et sa phisionomie. § V et VI............................. 172

M. MATHIEU.— Détails biographiques sur le lieu de naissance et la famille de M. Mathieu.— Sans fortune, ses premiers pas dans la vie au sortir du colélge. La littérature! y renonce pour faire ses études de droit

	Pages
situation critique; une page sur ses épreuves de sa vie de jeune homme. (En *note*, mot de Napoléon sur les souffrances morales.) La pauvreté est l'esclavage des temps modernes. § I et II......................	3
Patronage de M. Delangle, devient son secrétaire; labeur infatigable; la fortune paraît un moment l'abandonner de nouveau; ne constitue définitivement sa position comme avocat qu'en 1854. § III.............	187
Caractère du talent de M. Mathieu; véhémence nerveuse. — Transes de l'audience. — Personnalité de l'homme se réfléchit dans son talent oratoire.—Réplique vigoureuse et précise; loyal contradicteur. — Plaidoiries, œuvres d'art et de spontanéité; goût de M. Mathieu pour les lettres; fragment d'une étude biographique sur M. Delangle. § IV..................	191
La banalité (en *note*, citation de Machiavel sur le caractère français); satire sur la banalité dans les hommes publics. — Caractère et opinions politiques de M. Mathieu; indépendant *quand même*; la dérivation des eaux de la d'Huys. § V.....................	197
M. NOGENT ST-LAURENS. — Simple notice.........	203
M. GRÉVY. — Son caractère politique; l'amendement qui porte son nom. — Commissaire du gouvernement provisoire. — Souvenirs qu'il a laissés dans le Jura..	214
MM. DESMAREST. — ALLOU. — NICOLET. — DUTARD. — LEFRANC.— PICARD. — LEBLOND. — PAILLARD DE VILLENEUVE....................................	215
MM. MALAPERT. — FOREST. — BUSSON. — COLMET D'AAGE. — BLOT-LEQUSNE. — DURIEUX. — RIVOLET. — BERTIN	216

DU JEUNE BARREAU ET DE SON AVENIR.—3ᵉ *partie*.—Jugement d'un écrivain moderne sur le caractère de la génération actuelle.—Qualités générales du talent des hommes du jeune barreau ; *le procédé* dans l'art oratoire ; quels avocats ont servi de modèle à ceux de la génération présente. — Classe d'avocats qui s'est formée avant eux au barreau de Paris, et caractère de leur talent ; *l'École des affaires* ; mouvement réaliste dans l'éloquence judiciaire. — Défaut de chaleur et d'enthousiasme. § I........................... 222

Que chaque génération porte avec elle le secret de son avenir. Éléments de vitalité de la génération qui se lève. Examen précédé de considérations générales sur le caractère de la nation Française ; France pays des idées et des théories abstraites. — Mot de Napoléon (Note) ; danger de l'enthousiasme irréfléchi du progrès (Note). — Idéologie constitutionnelle ; influence des idées de J.-J. Rousseau sur la Révolution française ; théories démocratiques de J.-J. (Note). — L'histoire constitutionnelle de la France n'est que la réaction du corps social contre les écarts des principes dans l'organisation des pouvoirs publics. § II.............. 225

Caractères des différentes constitutions que la France s'est données, et changements successifs apportés dans l'organisation des pouvoirs publics. — *Constitution royale de* 1791, *Constitution démocratique de* 1793, *Constitution directoriale du 5 fructidor, Constitution consulaire, Constitution impériale.* Unité monarchique rétablie par degrés successifs (Note). *Charte de* 1814, *Acte additionnel de* 1815, *Charte de* 1830, *Constitution de* 1848. Retour des mêmes fautes. — Déclarations de principes de droits et de devoirs. Incorrigibles, prêts à recommencer à écrire *liberté*, *égalité*, *fraternité*, sur les murs. (Note) § III................ 231

Sous quels auspices s'est élevée la génération actuelle. — Différences essentielles d'avec les hommes de 1830 et 1848. La génération actuelle du barreau est en retard, et pourquoi. — Indifférence apparente pour la vie politique ; coup d'œil jetté sur l'état moral et politique de la France ; prostration de l'esprit pu-

	Pages
blic. — Insignifiance des professions de foi dans un moment où l'on peut tout dire, exception pour une seule. (Note.) — Dissolution de la société Française.— Division et sénilité des hommes politiques; machiavélisme qui confond tous les principes du libéralisme; ignorance profonde du peuple. Influence de quelques journaux (Note). § IV...........................	236
Que le parti de l'action a du se personnifier de nouveau dans les hommes du passé. L'abstention. Observation de Proudhon à propos du serment. (Note.) Exclusion et coterie des comités électoraux ; médiocrités qu'ils ont fait éclore.—Spectacle qui va être donné au pays par le retour dans les assemblées des anciens hommes politiques, un mot sur les anciens partis (Note). § IV.	243
Programme de la nouvelle session, la Constitution de 1852, le Corps législatif, le Conseil d'État et le Sénat, les lois et les décrets. § VI......................	248
Nécessité de compter avec les besoins de son époque; les partis, ce qu'ils représentent, la *légimité*, l'investiture divine de Napoléon III. (Note.) — La souveraineté populaire base du droit public; comment s'organisera la démocratie. Verbiage démocratique ; les jeunes *inspirés* de la génération actuelle. (Note.) — Comment les anciens entendaient les conditions du gouvernement et de la liberté; citation de Sismondi. (Note.) — Ce que c'est qu'un gouvernement démocratique; rien de tel en France; imprévoyance et égoïsme des gouvernements.— Ce qu'il y a à faire dans le domaine des institutions et dans la sphère des idées morales. Démocratie libérale pas représentée (Note). — Aptitudes politiques de la génération actuelle; rôle du Barreau moderne; la légalité, mot de M. Dupin. § VII	253

LES JEUNES HOMMES DU BARREAU. — MM. Betolaud,—Fauvel, — Delassale, — Trouillebert, — Clausel

Pages

de Coussergues, — Gatineau, — Laurier, — Léon Renault — Oscar Falateuf, — Cresson............... 267

MM. Lenté,— Trolley, de Rocques,—Andral,—Carraby, — Gustave Chaix-d'Est-Ange, — Édouard Dupont, — Craquelin, — Râcle, — Portalès, — Grandmenche,—Hubbard.— Philbert, — Delsol,—Duveray. 289

Quelques biographes et moralistes contemporains; Timon. — Guizot, — A. de Lamartine, — Ste-Beuve, A. de Laguéronnière, — O. Pinard, — Jacques Reynaud., — Deux ou trois polygraphes............... 297

Catalogue raisonné des principaux ouvrages qui ont été écrits sur le Barreau 317

ERRATA

Page 2, note 1. *Au lieu de :* Certain député classsé; *lisez :* classé.
— 8, ligne 11. *Au lieu de :* Car il invente ce qu'il lui plaît; *lisez :* Ce qui lui plaît.
— 26, ligne 1. *Au lieu de :* Dans une sorte d'effroi; *lisez :* Sans une sorte d'effroi.
— 67, note 1. *Erreur de fait.* Ce n'est pas M. Berryer, mais son père qui assistait M. Dupin dans la défense du maréchal Ney. Les paroles « Il est indigne d'un roi, » ont été prononcées dans une autre circonstance.
— 81, note 1. *Au lieu de :* Les crimes; *lisez :* grimes.
— 89, ligne 24. *Au lieu de :* Sans laisser leur malédiction, etc.; *lisez :* Sans léguer leur malédiction.
— 92, note 1. *Au lieu de :* Et quelle théorie; *lisez :* Et quelles théories!
— 96, ligne 22. *Au lieu de :* Le dernier de cette antique race dont descendaient les Paillet et les Dupin. Hommes opiniâtres et loquaces; *ponctuez :* Les derniers, etc., dont descendaient les Paillet et les Dupin, hommes, etc.
— 102, ligne 17. *Au lieu de :* Le président adressa tout à coup; *lisez :* Le président adresse tout à coup.
— 118, ligne 12. *Au lieu de :* En même que homme de

de cabinet ; *lisez :* En même temps qu'homme de cabinet.

Page 136, ligne 4. *Au lieu de :* Les transformations successives que l'éloquence judiciaire a subie ; *lisez :* A subies.

— 150, ligne 7. *Au lieu de :* En faisant çà et là mante réserve ; *lisez :* Mainte réserve.

— 151, note 1. *Au lieu de :* Afin qu'il agrégeât ; *lisez :* Abrégeat.

— Ib. *Au lieu de :* Et il n'avait encore rien dit ; Sinon ; *lisez :* sinon.

— 153, ligne 10. *Au lieu de :* Quelque soit l'application ; *lisez :* Quelle que soit.

— 164, ligne 4. *Au lieu de :* Comme nos fantassins enlèvent une batterie à la baïonnette ! *ponctuez :* Comme nos fantassins enlèvent une batterie : à la baïonnette !

— Ib., ligne 13. *Au lieu de :* Laërte se lève ; *ponctuez :* Laërte se lève :

— 216, ligne 13. *Au lieu de :* Colmet-d'Ange ; *lisez :* Colmet-d'Aage.

CATALOGUE

DES

PRINCIPAUX OUVRAGES

Qui ont été écrits sur le Barreau

De advocato libri quatuor, Martino Husson, Parisiis Guignard, 1666, 1 vol. in-4°.

La Découverte des Mystères du Palais, où il est traité des parties en général, intendants des grandes maisons, procureurs, avocats, notaires et huissiers, etc.

Paris, Brunet, 1693, petit in-12.

Ce livre ne découvre aucun mystère : ce n'est qu'un libelle contre les avocats du temps.

Les Prérogatives de la Robe, par M. de F***, conseiller au Parlement, (*François Bertrand, sieur de Fréauville.*)

Paris, 1701, in-12.

Où l'on trouve des renseignements qui ne sont pas sans prix sur l'origine des Pairs de France, et la nature des assemblées qui se sont tenus en France dans les temps voisins de l'établissement de la monarchie.

L'Éloge et les Devoirs de la Profession d'Avocat, par François FIOT DE LA MARCHE (Dijonnais), conseiller au Parlement de Paris, mort en 1716. (Voyez bibliothèque de Bourgogne, par Papillon, t. I p. 238, 239.) On lit dans la *Bibliothèque de Camus*, par Nicolas Bloquet, 1 vol. in-12.

Lettres ou Dissertations, où l'on fait voir que la profession d'avocat est la plus belle des professions, et où l'on examine si les juges qui président aux audiences, peuvent légitimement interrompre les avocats lorsqu'ils plaident. Par Coquart, Londres, 1733.

Tableau de l'Avocat, divisé en six chapitres, qui traitent de l'esprit, de l'étude, de la science, de l'éloquence, de l'air, de la mémoire, de la prononciation, du geste et de la voix, par Timothée-François Thibaut, avocat à la Cour souveraine de Lorraine.

Nancy, 1737, 1 vol. in-8°.

Opuscule vide, qui ne tient rien de ce qu'il promet.

De l'Éloquence du Barreau, par Gin, secrétaire du roi, avocat au Parlement.

Paris, 1767, 1 vol. in-12.

Ouvrage très-méthodiquement composé, plein d'observations judicieuses et de règles vraiment pratiques. Il y a une belle préface.

Lettres sur la Profession d'Avocat et sur les Études nécessaires pour se rendre capable de l'exercer. — Avec un catalogue raisonné des livres utiles à un avocat et plusieurs pièces concernant l'ordre des avocats, par Camus.

Paris, 1772, 1 vol. in-12.

Règles pour former un Avocat, tirées des plus célèbres auteurs anciens et modernes, auxquelles on a joint une histoire abrégée de l'ordre des avocats et des règlements qui concernent les fonctions et prérogatives attachées à cette profession, avec index des principaux livres de jurisprudence, par Antoine Boucher d'Argis.

Paris, Durand, 1778, 1 vol. in-12.

Exposition abrégée de la Constitution de l'ordre des Avocats au Parlement de Paris, présentée à l'assemblée générale de l'Ordre.

Genève, 1782.

L'ancien Barreau du Parlement de Provence, ou extraits d'une correspondance inédite échangée en 1720, entre François Decormis et Pierre Sauvin, par Ch. de Ribbe.

Aix, Makaire, 1802, in-8.

Lettres sur la Profession d'Avocat, et bibliothèque choisie des livres de droit qu'il est le plus utile d'acquérir et de connaître, par Camus, avocat.

Paris, Gilbert, an XIII (1805), 2 vol. in-12.

Histoire des Avocats au Parlement de Paris, depuis Saint-Louis jusqu'au 15 octobre 1790, par Fournel, avocat.

Paris, Maraudan, 1813, 2 vol. in-8°.

Histoire du Barreau de Paris, dans le cours de la Révolution.

Marandan, Paris, 1816, 1 vol. in-8°. Sans nom d'auteur, par Fournel.

Suite de l'ouvrage précédent, du même auteur. Livre plein de détails intéressants sur le Barreau, pendant la période révolutionnaire où l'on voit la part qu'a pris le Barreau de Paris au mouvement d'esprit de cette époque, et les idées qui ont présidé à la réorganisation de l'ordre judiciaire.

Tableau des Avocats du Parlement de Paris, depuis 1302 jusqu'en 1790, par PONCELET,

Paris, Janet, M. L. Hachette. Ve 1826.

Essai d'Institution oratoire, à l'usage de ceux qui se destinent au Barreau, par DELANSALLE, deuxième édition augmentée des discours sur le genre d'éloquence et les qualités morales de l'orateur du barreau et de l'orateur de la tribune, de la notice sur Gerbier, etc.

Paris, Warée, 1827, 2 vol. in-8°.

Profession d'avocat, par MM. CAMUS et DUPIN.

Paris, Alex. Gobelet, 1832, 2 vol. in-8°.

Le Ministère public et le Barreau, leurs droits et leurs rapports, par M. Henri MOREAU, avec une introduction de M. BERRYER.

Paris, Lecoffre, in-8º.

La Chronique du Palais de Justice, contenant l'histoire des anciens avocats et le récit des trépas tragiques tirés des chroniques de la Sainte-Chapelle, des Olim et des archives du Parlement, Horace RAISSON.

Paris, 1838, 2 vol. grand in-8º.

Ouvrage de fantaisie, écrit en forme de roman.

Le Barreau Italien, par A. ARRIGHI, 1840.

2 vol. in-8º.

Livre bien fait et bien pensé, écrit par un patriote italien; précédé d'une préface de M. Troplong.

Code de l'Avocat, par MM. A. FRANQUE et H. CAUVIN, précédé d'une lettre d'introduction et d'un opuscule inédit sur la question de la patente des avocats, par Me MARIE, bâtonnier.

Paris, 1841, 1 vol. in-8º.

Règles sur la Profession d'Avocat, suivies : 1° des lois et règlements qui la concernent, 2° des présidents de l'ordre des avocats à la Cour Royale de Paris, avec des notes historiques et explications, par M. Mollot avocat (aujourd'hui conseiller à la Cour impériale de Paris).

Paris, Joubert, 1842, 1 vol. in-8°.

Le Barreau, par Os. Pinard, avocat.

Paris, Pagnerre, 1843, 1 vol in-8°.

Le Barreau Romain, par Th. Grellet Dumazeau, 1851.

Ouvrage extrêmement curieux où l'on trouve sur la profession du Barreau à Rome les détails les plus imprévus et les plus piquants.

Galerie du Palais de Justice, mœurs, coutumes et conditions judiciaires, 1280-1780, par Amédée de Bast.

Roman.

Michel Levy, 1841, 2 vol. in-8°.

Devoirs, honneurs, avantages, jouissances de la Profession d'Avocat, par Félix Liouville, bâtonnier.

Paris, 1857, 1 vol. in-4°.

Mémoires de M. Dupin, avocat, ancien bâtonnier, souvenirs du Barreau, 1er vol.

4 vol. in-8°, Paris, Henri Plon, 1855.

Ce volume ne contient pour ainsi dire que l'analyse des procès que M. Dupin a plaidés depuis son entrée au barreau jusqu'à sa nomination comme procureur général sous le régime actuel.

———

Astrée, ou Tableau de la vraie justice de Paris, par Humbert Durand (Jacques), sieur de Pleiyades.

ris, Guillemot, 1604, 1 vol. in-8°.

Apologie pour l'Honoraire ou reconnaissance due aux avocats à cause de leur travail, par Me Jacques de Lecornay, avocat au Parlement.

Paris, chez Jean de La Caille, imprimeur ordinaire du roi et de sa maison, au Mont Saint-Hilaire, proche le Puits-Certain, 1650, 1 vol. in-8°.

L'exemplaire, que possède la Bibliothèque, des Avocats de Paris a été offert par l'auteur au président Molé dont il porte les armes.

Advocatus prudens in foro criminali sive succincta instructio advocati circa inculpati defensionem, etc. Chemnitié, 1702, 1 vol. petit in-40.

L'Eloquence de la Chaire et du Barreau, selon les principes les plus solides de la rhéthorique sacrée et profane, par feu M. l'abbé de BRETTEVILLE.

Paris, Thierry, MDCXCVIII.

Essai sur la Profession de Procureur, par GROUSTEL. 1749, 1 vol. in-8.

Les Principes du droit et de la politique, par BRUN DU PRADIER, augmenté d'un discours préliminaire très-étendu.

Paris, Charles Robustel, 1765, 1 vol. in-12. Cet ouvrage est un plagiat, de DESBARRE, avocat. Voyez le dictionnaire de Barbier, *Principes naturels,* etc.

Recueils de Plaidoyers, et Discours oratoires pour servir de modèle aux jeunes gens et propres à les former à l'éloquence en général et à celle du barreau en particulier, t. 1, contenant les plaidoyers et discours du R. P. GEOFFROY, jésuite.

Paris, Nyon, 1783, 2 vol. in-12.

Recueil de pièces, concernant l'association de bienfaisance judiciaire foudée en 1787.

Paris, Clousier, 1788, attribuée à BOUCHER-D'ARGIS fils, 1 vol. in-12.

Tableau des Avocats du Parlement de Paris, depuis 1302 jusqu'en 1790, par FOURNEL.

Paris, Marandan, 1813, 2 vol. in-8º.

Avec des articles de variété extrêmement intéressants sur le rôle des avocats, les diverses juridictions devant lesquelles ils plaidaient les ordonnances qui ont réglé la profession, sur les procès fameux, sur les magistrats et dignitaires du Parlement, sur les ouvrages de droit et de jurisprudence écrits dans cet intervalle.

Guide de l'Avocat ou Essais d'instructions pour les jeunes gens qui se destinent à cette profession. Par M. GIBAUT, docteur régent de la Faculté de droit de Poitiers.

Paris, Beaucé, 1814, 2 vol. in-12.

De l'Intrigue dans les Tribunaux, par PINET, avocat.

Paris, Warée, 1824, petit in-12.

Barreau français, annale de l'éloquence judiciaire en France, par MM. Aylies et Clair, avocats à la Cour royale.

Paris, 1825.

C'est un Recueil de discours et de plaidoyers de divers avocats et avocats-généraux. M. Bellart, Dupin aîné, Dupin jeune, Berville, Mauguin, etc.

Principes et morceaux choisis d'éloquence judiciaire, et devoirs de l'avocat, par E. Boinvilliers, avocat.

Paris, Emery, 1826, 1 vol. in-8º.

Ouvrage précédé d'une histoire abrégé de l'éloquence judiciaire en France.

Manuel des Étudiants en droit et des jeunes avocats, Recueil d'opuscules de jurisprudence, par M. Dupin aîné.

Paris, Joubert, 1835, 1 vol. petit in-8º.

Ouvrage contenant : 1º une introduction sur la profession d'avocat. 2º Bibliothèque choisie à l'usage des étudiants en droit et des jeunes avocats. 3º Réflexions sur l'enseignement et l'étude du droit. 4º Précis historique du droit Romain. 5º Précis historique du droit Français avec la continuation depuis 1674 jusqu'en 1834. 6º Aphorismes de Bacon. 7° Prolegmena juris ad usum scolœ et fori. 8° Notions élémentaires sur la justice, le droit et les lois. 9° Des magistrats. 10° De la jurisprudence des arrêts. 11° Libre défense des accusés. 12° De l'improvisation. 13° Biographes des magistrats, des jurisconsultes, etc.; chronologie des chanceliers de France, garde des sceaux, ministre de la justice, premier président du parlement de Paris, procureur généraux audit Parlement, avocats généraux. Cour de Cassation, ses présidents; Ministre public, Batonniers des avocats, etc. — 14° Vocabulaire des termes de droit. 15° Catalogue des ouvrages de M° Dupin.

Ouvrage rempli d'excellents conseils et d'idées pratiques.

Défense du Barreau de Rouen. Plaidoyer de M. Sénard (Daniel).

Rouen, Brière, 1835, 1 vol. in-8°.

Souvenirs de M. Berryer, doyen des avocats de Paris, de 1744 à 1838.

Paris, Amb. Dupont, 1839, 2 vol. in-8.

Mon Portefeuille, réponse à un ami d'enfance, avocat à Boston, par M. Couture, avocat à la Cour royale de Paris.

Paris, 1840, 1 vol. in-8°.

Logique judiciaire, ou Traité des arguments légaux, par de Saint-Albin, suivis de la Logique de la conscience.

Paris, 1841, 1 vol. in-12.

Eloquence de l'improvisation, par Eugène Paignon, avocat à la Cour impériale.

Paris, 1853.

Faible ouvrage.

De l'Éloquence judiciaire au xviie *siècle* Antoine Lemaistre et ses contemporains.
Par Oscar Devallée, avocat général à la Cour impériale de Paris.

Paris, 1856, Garnier frères.

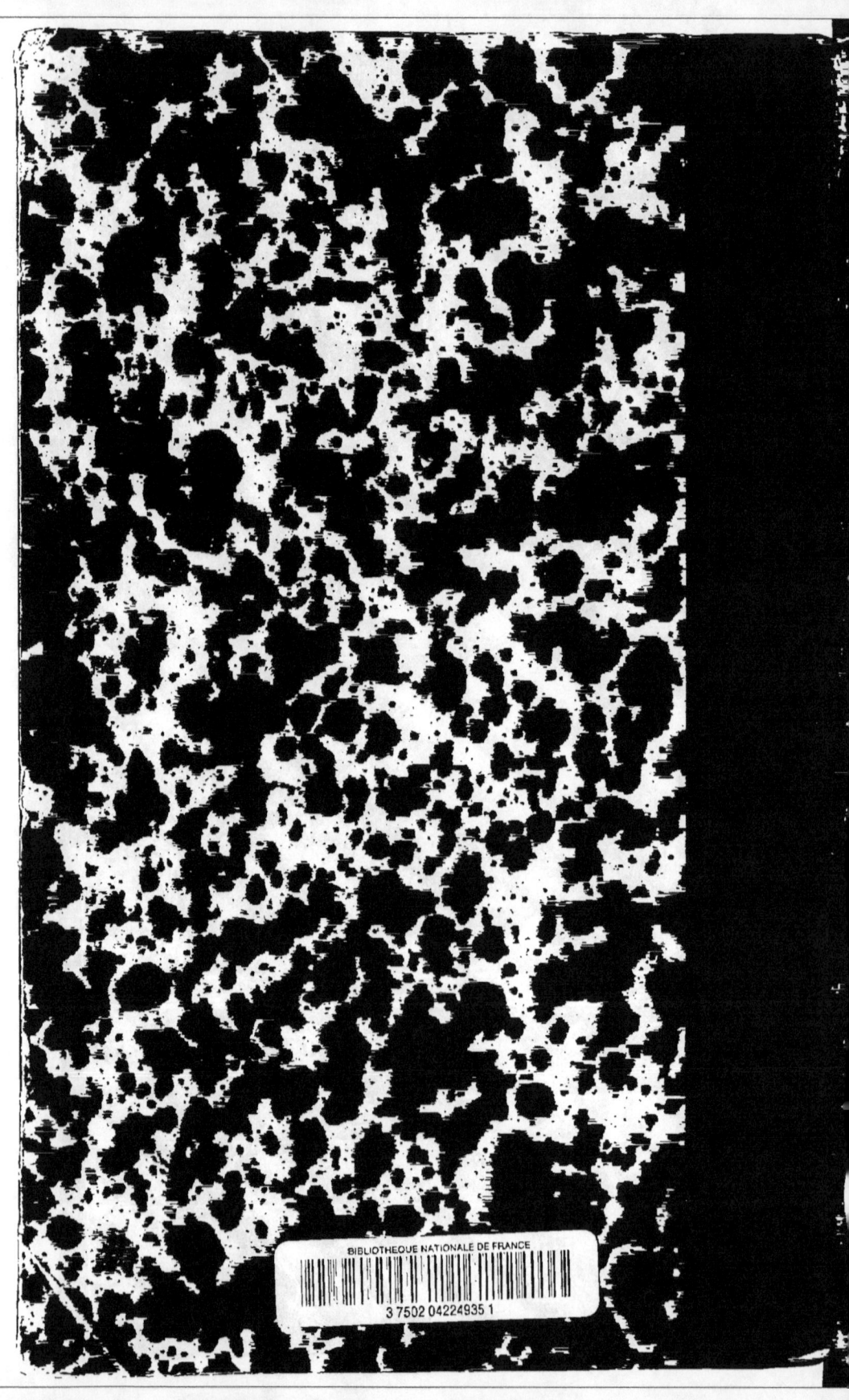

www.ingramcontent.com/pod-product-compliance
Lightning Source LLC
Chambersburg PA
CBHW070446170426
43201CB00010B/1226